寿险新时代

通往财务自由的五堂保险课

蔡翔◎著

電子工業出版社
Publishing House of Electronics Industry
北京•BEIJING

开卷语

本书的不同之处是什么？

写给客户的书

让客户清楚，保险到底可以帮助他们做什么，他们究竟需要什么样的保险产品。

写给保险从业人员的书

不仅让保险从业人员明白这个行业是感性的，而且让他们明白这个行业的理性逻辑。

旧的寿险的意义和功用固然好，因为它能满足客户的需求。

新的寿险的意义和功用更加好，因为它能带给客户快乐。

快乐的事情更容易让人接受，也更容易得到传播。

写给对保险业有误解的人的书

让他们知道误解和分歧发生在哪里，哪些问题在之前并不是很清楚。

写给还在保险大门外，犹豫着是否要尝试加盟的伙伴的书

让他们真正了解保险业的优点和缺点，从而帮助他们做出符合自己人生规划的选择。

写给寿险公司培训负责人和银行零售部门经理的书

关于保险的意义和功用的教材已经很多年没有系统地更新了，而客户主体正在迅速转变为“80后”“90后”“00后”群体，他们对保险的理解是怎样的？

本书没有长篇大论，而是记录了大多数人想了解的关键信息。

本书不讲解晦涩难懂的理论，只讲大家听得懂、能复述的内容。

在保险业，外勤能力偏演绎、内勤能力偏归纳。本书是一本归纳后可以演绎的书。

在资产收入逐渐高于工资收入的时代，学会理财或许比上好班更重要，但要实现财务自由却未必需要拥有很多钱，更重要的是要对有限的财富进行合理安排。

无论你是保险公司的潜在客户还是保险销售员，本书都会为你提供一个全新的入口，带你了解“保险王国”。

如果你是保险公司的管理者，那么本书或许可以替换一下你使用了多年的旧教材，给队伍一次新的“充电”机会。开卷有益，不妨试试。

推荐语

本书作者作为一位保险业内的资深专家、卓越管理者，将自己多年的寿险经营管理经验在本书中深入浅出地呈现出来。本书是一本非常值得阅读、学习的“知识画卷”：于业内人士而言，本书无疑是一本专业指南，让从业人员更深刻地了解寿险经营应该怎么做，为什么这么做；于业外人士而言，本书则可以让他们更清楚地理解保险究竟是什么，究竟应该如何科学地把它布局在人生的起承转合中。本书不是枯燥晦涩的说教读本，书中内容引经据典，娓娓道来，妙趣横生又深明哲理。

——恒安标准人寿多元行销渠道业务发展总监　袁永攀

过去我们讲到保险故事会哭，这是旧的寿险的意义与功用；今天我们讲到保险故事会笑，这是新的寿险的意义与功用。

——工银安盛人寿徐州中心支公司总经理　冯波

作为一名非保险从业者，我强烈推荐这本书。相信大多数朋友和我一样，之前对保险的认识都是其能补偿性地挽回损失，但是本书作者把视野放得更远，让我了解到保险更多的是与生活相平行的财产，是在对生命进行管理与增值。保险的作用并不仅仅是消除后顾之忧，而是让生活越发具有价值。

——南京碣石文化传播有限公司总经理　鞠海涛

这是一个日新月异的时代，知识的迭代尤为突出，我们既需要从传统的经典书籍之中汲取营养，又需要汲取来自实践的真知灼见。这本书洋溢着蔡总对寿险业的热爱，闪烁着躬行多年的智慧，洞察着未来变化的先机，它不仅适合初入寿险业的新人，也为业内专家提供了与众不同的观察视角。对于广大投资人来说，这本书就是中国保险业的“活地图”：理念意识、投资方法、人群画像，不一而足。本书既可以作为了解国内保险发展的“故事汇”，又可以作为投资保险理财的“好帮手”。这便是我推荐本书的初心所在，同时，热切期待蔡总为读者朋友带来更多优秀作品！

——财经作家、《信托理财轻松学》作者、

国内某信托公司家族信托顾问　武跃强

推荐序 1

永远在路上的营销实践者

我初识本书的作者蔡总，是在 2016 年的春天。之前我只听闻他是平安系统的风云人物，有着 20 多年的营销管理经验，除此之外，并无过多交集。而后我有幸调到大中华区与他共事，蔡总作为我的领导与师傅，在人力和业务推动上言传身教，诠释了新一代保险人的精神。如今，我重回培训部门，他的保险营销思考框架对我来说是无价之宝。

蔡总提到的省城内县城网点的有关工作，是他保险营销管理经历的重要缩影，几年前，这个网点总共不到 20 人，只有一位内勤驻守，可以说是无人问津。如今，其成为全国百强网点，这靠的是蔡总日常的悉心辅导及周末不间断的往返。他组织产说会和创说会，讲给客户听，讲给网点的员工听，这样的园丁精神放眼全国都非常罕见，这也一步步奠定了他在保险营销领域的地位。

本书是蔡总 20 余年保险营销管理经验的实践总结，客户、销售人员、培训负责人都值得一看。迈入 21 世纪 20 年代，“80 后”“90 后”渐渐成为投保的主流群体，国内寿险经过了 20 多年的粗放式快速发展，进入了“深水区”，即将迎来下一个“黄金十年”。机遇与挑战并存，留给相关从业人员的问题越来越多，其中简明扼要地诠释保险的意义与功用成为从业人员的必修课，也是本书讨论的核心问题。不仅如此，他的新寿险功用理论致力于完善传统的保险销售面谈逻辑。本书围绕产品和行业进行了框架性的思考，这些思考源于蔡总多年来对于一线队伍存在的问题的反思。如果你想要在未来保险业的“黄金十年”里持续赢得年轻人的市场，那么本书的内核新寿险功用理论将会是你不可或缺的法宝。

陈哲

平安人寿江苏分公司培训部产品室主任

推荐序 2

听闻蔡总要出书，我一直非常期待，作为加入平安公司近 20 年的老同事，我经常听蔡总讲课。在业内他被大家尊称为“蔡教授”，他的专业性和博学多才也是有目共睹的。

读完此书，果然让人有一种耳目一新的感觉，新的视角、新的理解、新的演绎可以为每一位读者带来新的思考，让大家重新审视和思考“何为保险”。

近几年，蔡总一直在筹备和构思如何撰写本书，我能够感受到他对当下寿险业与市场的思考和理解。寿险工作既很简单，又很不简单：简单是因为只要理性客观地讲解，就很容易让人明白；不简单是因为当下很难有人站在客观的视角，把通俗易懂的故事讲述出来。而蔡总就是通过多年的行业经验和自身的思考及理解，对以往“不掉眼泪不叫保险”的怪圈进行了梳理，将“如何让越来越科技化的寿险业回归保险真谛”理性客观地娓娓道来。

这本书对我这样入行 25 年的人大有裨益，也对保险代理人、客户、满怀憧憬加入寿险队伍却仍在犹豫的择业人员，抑或保险业的管理人员都大有裨益。希望大家能够跟随文字一同思考、琢磨，也希望此书可以帮助大家回忆起自己在保险业里的点点滴滴。

王毅

平安人寿连云港中心支公司总经理

推荐序 3

第一次与蔡总相识是在阳春三月的南京，当时我去推广自己的团队潜能课程，登门拜访，一见如故。蔡总给我的第一印象是谦卑深邃，博学多才。我们促膝长谈了近一个小时，远远超出原本计划的交谈时间，可以说是相见恨晚。从聊天中，我了解到蔡总是保险业的“老兵”，对寿险的意义与功用有不同的看法。寿险推销在我国已发展了近 30 年，对于行业发展而言，可以这么说：“成也推销，败也推销。”我从 1998 年大学二年级就开始兼职做保险推销工作了，那时很多客户都不知道保险为何物。于是，我耐心地给客户讲解保险是什么：“假如您购买了保险，过了等待期后，如果您生病、发生意外、因疾病死亡，保险公司就会按照当时合同的约定保额为您进行赔付。”还没等我说完，客户就把我赶出了家门，我想，很多保险业从业者或许都有类似的经历。

如今，随着理赔案件的覆盖面不断扩大、理赔速度不断加快、理赔金额不断提高，民众正在从抵触保险转向了解保险。再加上《中华人民共和国保险法》的不断完善、升级，以及国家对保险的宣传和推动，现在保险的概念已经深入人心。如果保险代理人还在用陈旧的保险知识与客户沟通，则很难促成业务。2021 年春节过后，上班的第一天，蔡总便告诉我，他的新作即将出版，委托我作序，我欣然答应了。读完本书，我觉得这本书可谓保险业的及时雨，可以成为从业人员的“撒手锏”，原来保险可以这样销售，客户可以笑着购买保险。如果在我刚入行时这本书能够问世，那么我现在或许已经是保险销售大师了。最后，希望读者朋友在阅读此书后，寿险事业飞黄腾达，业绩蒸蒸日上。

颜嘉岐

恩卓培训机构创始人

推荐序 4

得闻蔡总新书即将出版发行，我由衷地替好友著书立说而高兴。

20 世纪末，我和蔡总先后进入寿险业，成为同事。回顾往昔，我们这批人算是国内寿险业真正走向市场化时代的首批从业人员，我们在寿险业度过了 20 余年的宝贵时光，见证了寿险业在国内的蹒跚起步。可以说，我们是国内最热爱寿险业的一批从业人员。

2020 年与 2021 年是全球性的特殊时期。我们目睹了一件件不可思议之事，作为从业人员，我们看到了寿险业遭受的冲击，也切身感受到了寿险业的复苏之路，可以说，经历过这一段特殊的时期，寿险的需求在当下反而变得愈加“刚性”与“磅礴”了。尤其是 2021 年 1 月，众多保险公司的 IT 系统在海量的重疾险承保需求下短暂瘫痪，这既被行业历史所铭刻，也预示着行业更加明朗的前景。

我一直认为，寿险业的特殊性决定了其供给端相对固化的形态与复杂性，而作为从业人员，要想为行业的发展尽绵薄之力，从需求端躬身入局是最佳选择。本书从需求端对行业进行剖析，从需求端来审视市场，从受益群体的角度来梳理产品，但又不仅仅聚焦产品与需求，而是更加注重普及健康的保险文化与保险消费理念。蔡总想印证的是寿险业需求侧改革的大势所趋，要传递的是对消费者的行业之爱，更致力于推动寿险业的健康发展。

在拜读本书后，我更加理解了蔡总在这个时间点出书的原因。我衷心祝愿蔡总的初衷能被市场与读者理解，我更愿同蔡总一起，为寿险业的明天贡献自己的一份力量。

田书舟

大一保险经纪有限公司董事长兼总经理

前 言

“高高山顶立，深深海底行。”

——新寿险的意义与功用

我生于1978年11月，大学学的是机械类专业，我很早就开始接触保险业了。我的小姨夫是1992年中国第一批保险代理人，他辞去交通局的工作，用卖保险获得的佣金，在上海内环完成了多处置业。我的姐姐是我们那个工厂大院里最早从事保险代理人职业的人，她放弃了医院稳定的工作，用卖保险赚到的钱完成了在省城的置业。在我初中第一次见到家里的保单时，母亲就告诉了我保险的作用。因此，我对保险拥有很强的接受能力，从来没有排斥过保险。

2001年大学毕业后，我在一家大型国企的总部机关工作，主要的工作职责是监督和检查工人和设备，减少死亡事故的发生次数。短暂的工作经历让我认识到，死亡和工伤难以避免，事故是概率事件。

半年后我辞职了，投身于浩荡的保险业。我在后勤岗位稳定地工作了几年，完成了各种关于保险数据的报告，直到 2007 年，我才接触到这个行业的核心工作：市场、销售与招募。2008 年，我在一个距离省城 200 千米的城市，带领一个没有任何经验的网点筹备负责人团队，完成了两个县城和五个乡镇从 0 到 50 人的网点搭建工作。在此期间，我开展了创业说明会，就是把保险业是怎么回事，以及我为什么从事保险业这个问题说清楚。创业说明会越办越大，甚至外省市的从业人员也请我去讲课。我还参与了海量的面谈与面试工作——在工厂、店铺、街头、办公室，甚至田间，各种畅谈，舌战群儒，到 2019 年我累计面试的人数超过 1 万人。这些积累成为本书保险代理人相关章节的一线素材。

2012 年，我的项目组重启省城的两个县城网点，我们需要解决一个问题，即如何让不具备保险销售能力的保险代理人把保险卖出去。于是，我开始整理关于“保险责任是什么”的相关内容。虽然当时我已是一名中层管理者，但我还是第一次介绍产品。我记得第一次讲完课已是晚上 8 点了，很多客户还意犹未尽不愿意离去。后来，每周都有很多市民来听我讲课，一发不可收。这个网点当年跃升为该县市场新单占有率网点排名的第二位。同年，我受邀到总部大学给全系统的网点负责人学习班讲了整整 3 个半天的课。后来我到更多的地方去演讲，很多理性的客户成为我的“粉丝”。我发现很多客户非常热爱财富管理，想了解保险知识，却不太懂风险管理。“闻道有先后，术业有专攻”，我的客户都是自己行业的专家，而我是保险业的专家。他们需要得到更有效的回答，而我的队伍需要用更简短的语言把保险这个复杂的东西讲清楚，比如，什么是保险责任，什么是保险费。

2014 年，我开始接手一个持续滑坡的传统寿险三级机构。在 5 年左右的时间里，这家机构实现了业务和代理人数量的持续正增长。其间，我遇到了一个问题——如何向客户推荐年金保险？于是我翻阅书籍，并给很多客户打电话，特别是给那些买了年金保险以后想退保的客户打电话，聆听他们的需求。渐渐地，我又转战到年金保险销售领域，开始讲授第一课“家财万贯、源源不断”，并参与了当地一个遗嘱库的筹建工作，了解了很多“法商”知识的实践场景。于是，我开始走上了各地培训和客户产品讲座的讲台。2019 年，我开始为一家全国性商业银行的全省分支行长讲解年金的销售逻辑。我发现很多人即便到了管理层，也没能真正理解保险的功用。

因此，在我职业生涯前半程即将结束时，我把各地演讲主办方和培训部门给我的录音稿整理成书，希望能够让更多的人了解保险和保险人的世界。

目 录

第一章

新寿险的意义与功用

1949 年，美国工程师爱德华·墨菲提出了一种心理学效应：如果有两种或两种以上的方式去做某件事情，而其中一种方式将导致灾难，则必定有人会做出这种选择。其根本内容就是：如果事情有变坏的可能性，那么不管这种可能性有多小，它总会发生。

中国个人寿险业务于 1992 年真正开始发展，是个十足的舶来品。经过一代人的“刀耕火种”，中国保险市场发展成为世界第二大保险市场。长期以来，如何让客户明白保险是什么，如何让从业人员真正明白保险是个什么样的财富工具，如何让从业人员跟客户说清楚并且让客户听明白、真心认同保险的功用与意义，这些都是困扰保险机构的问题。

长期以来，客户眼中的保险和保险公司眼中的保险完全不同，这是为什么？究竟哪些事情我们没有讲清楚呢？

我们今天秉承的多为旧寿险的意义和功用，即简单跟客户提及“生老病死残”的残酷和其对家庭财富产生的巨大影响。由于主要涉及残酷和不幸，很多经验不足的新代理人未必能讲得好，而消费者听着也未必开心。因为大多数中国人，可能从小到大没有真正考虑过死亡背后的内容，也没有体验过死亡课程。《论语》有云：“未知生，焉知死？”今天，新寿险的意义是通过保险这个工具让客户感受到幸福及投保后带来的快乐，让客户更愿意去分享和转介绍保险产品。

其实新寿险的意义与功用就是满足人民对美好生活的向往。在人生风险管理方面，人们都担心什么，又向往什么呢？正如每个孩子都想拥有一个解决问题的万能机器猫，成人又何尝不是呢？下面我们来具体讲一讲新寿险的意义与功用。

一、人们希望有一天能左右生死，延长生命

随着医疗水平的不断提高，长寿变得更容易实现。然而，若一个人患了大病，治疗时间和用于治疗的预算资金就显得格外重要。因此，人们需要对未来有所规划。

《2019 年我国卫生健康事业发展统计公报》显示，我国居民人均预期寿命由2018年的77.0岁提高到了2019年的77.3岁。为什么会这样呢？

1. 医疗水平有差异，长寿的后天基础是获得好的治疗

世界各地的医疗水平有差异。知名医学期刊《柳叶刀》发布的 2019 年全球医疗质量和可及性（HAQ）排行榜，基于 2016 年以来全球疾病负担的研究，涵盖全球 195 个国家和地区，针对 32 项评估指标，计算出了具体医疗质量和可及性指数，以及各个国家（地区）在医疗

质量上的得分。其中，中国排名第 48 名，与 2015 年的第 60 名相比提升了 12 名，医疗水平呈现跨越式进步。

从我国公布的各省市三甲医院榜单来看，我国的核心医疗资源主要集中在一线城市。从这点来看，一个人生大病后，治疗时间很重要，在第一时间接受最好的治疗更重要。这不能单纯依赖社保，而是需要通过商业保险帮助人们直接获得更好的医疗资源。这如同人们希望高质量出行，一定不能单纯依靠公交车，而是需要有私家车。社会保险如同公交车，很好、很重要，商业保险如同私家车，体现了高品质。

2. 新药的研发成本非常高，依靠知识产权定价

近年来，经过多轮艰苦的谈判，我国政府在进口药品和器材方面取得了重大成果，一大批老百姓急需的救命药的价格大幅下降。心脏支架的价格更是从数万元降到了千元以内，大大减轻了人们的负担。

进口药品的价格为什么居高不下？这跟药品的研发机制不无关系。瑞士诺华制药公司成功研制格列卫，

这使得慢粒白血病患者的 5 年生存率从 30%增加到 85%。医生是伟大的，药品研发的科学家也一样。但是格列卫的研发成本达到了 200 亿美元，在 20 年的专利保护期内，需要收回成本，所以投放市场后其价格确实比较高。抗癌药等如果有财政支持（包括医保外药品），那么患者就可能活得更久。2018 年，我国人均预期寿命为 77 岁，若患有大病，则要与病魔做多年的斗争，最终结果可能取决于面对大病的预算资金。

二、在运气坏时，人们希望能够“逢凶化吉、化险为夷”

人们会有好运气，也会有坏运气，正所谓时来运转、否极泰来。因此，只要当坏运气来临的时候，我们将其成功挡出去，就只剩下好运气了。那么什么样的工具可以“逢凶化吉、化险为夷”呢？

其实从科学的金融工具角度来看，商业保险在一定意义上就是“收购”坏运气和它带来的伤害及损失的工具。毕竟每个金融工具被设计出来的初衷，就是为了解决某个问题。

例如，航班延误了，大家都很沮丧，但有一个旅客从容镇定，因为他买了航班延误险；某人手机摔坏了却不生气，因为他买了碎屏险；庄稼歉收，农民没有惶惶不安，因为他买了农业保险，从此旱涝保收。保险就是把坏运气概率性地“转嫁”给保险公司，客户留下好运气。随着经济的发展，一些新的“收购”坏运气的险种也应运而生。比如，医生担心手术失败，从而催生了医患纠纷保险；律师担心官司失败，从而催生了诉讼保险；恋人担心恋爱失败，从而催生了失恋保险等。也就是说，你担心的事情，将来大部分风险可以转移给保险公司。担心的事情越来越少，幸福便越来越多了。

三、人们希望用储蓄罐“强制储蓄、把钱留住”

保险的重要功用之一就是把钱留住，实现强制储蓄，从而让人们在未来获得幸福。

“买”保险这个说法其实并不合适，对于寿险应该用“投”比较好，即把一笔钱投在保险公司。对于终身寿险或重大疾病险（简称“重疾险”），把这笔钱要回来的方法无非三个：一是赔付，二是现金价值退保，三是满期给付。所以人们投保的钱实际还在那里，还是他们自己的资产。

如果人们不把这笔钱放在保险公司，那么这笔钱真的会在自己手上变成更多的钱吗？大概有三种情形：一是亏损，二是保本，三是盈利。这样看来，把钱变成保险费（简称“保费”），将来再通过现金价值或收益的方式赚回来，显然比亏损和保本更划算。

因此保险的功用之一就是把钱留住。一般商家劝人们用钱消费，保险和其他金融机构劝人们把钱留住。从感性的角度看，人们更喜欢消费的感觉；从理性的角度看，人们明白把钱留住才会在未来获得幸福。这就是商业保险的“储蓄”功能。

1. 人们都希望实现财务自由，但前提是先堵住财务漏洞

现在，如果我们问一个市民努力是为了什么，他可能会告诉你是为了实现财务自由。那么什么是财务自由？其实这个“自由”是相对的。有人在村里的小卖部什么都买得起，似乎实现了自由；有人在县城的超市什么都买得起，似乎实现了自由；还有人在省城的商店什么都买得起，似乎也实现了自由。所以我们说财务自由是有层次的，没有绝对的自由。

无论你实现的是什么程度的财务自由，都千万别出现财务漏洞，否则不可能实现真正意义上的财务自由。

什么是财务漏洞？是失业、意外、疾病、毫无准备的长寿。

怎么堵住财务漏洞呢？诺贝尔经济学奖得主罗伯特·希勒教授在《非理性繁荣》里指出，这需要创新和丰富保险产品。

2. 买保险跟生病有什么样的关系

2019 年诺贝尔经济学奖得主阿比吉特·班纳吉在《贫穷的本质：我们为什么摆脱不了贫穷》中写道：

“这种影响或许还来自其他一些心理因素：面对风险（不仅包括收入风险，还有死亡或疾病的风险）我们会为此担忧，而担忧会给我们带来压力，产生抑郁情绪。在穷人当中，抑郁的症状更为普遍。我们在感到压力时更难集中注意力，这可能会降低我们的效率。尤其值得注意的是，贫穷与身体所分泌的皮质醇水平密切相关，因为皮质醇水平标志着压力的大小。相反，当家庭成员接受某种援助时，他们的皮质醇水平就会有所下降。……这一点很重要，因为皮质醇会直接损害人的认知及决策能力。由压力释放的皮质醇会影响大脑的部分区域，如前额皮质、类扁桃体、海马区，这些都是认知功能的重要区域；特别是前额皮质，该区域对于抑制冲击响应很重要。因此，将实验对象置于实验室的压力环境之下、面对不同的经济选择时，他们不太可能做出理智的决定。”

因此，买保险更像是人们在面对风险和压力时的一种积极处理方式。如果处理得当，就会从心理和生理上减少疾病和其他风险事件发生的概率。

第二章

新寿险的功用对保障型保险价值的重塑

一、保险责任背后的故事

保险责任是一种听得见却不容易看见的商品，形象化地说清楚保险责任是关键。

故事一：法海与许仙——看不见的风险就是风险本身

其实，每个人都面临潜在的风险，我们需要借助专业的保险工具，提前做好准备。

相传，当法海第一眼看见许仙的夫人白娘子时，就知道她是白蛇，可是许仙却不相信。其实最大的风险恰恰是看不见自己身上的风险。法海毕竟是个高僧，会借助工具揭示风险。某年端午节，法海带着雄黄酒去见许仙，请他让白娘子喝一口，结果白娘子立刻现了原形，许仙只好向法海求救。许仙借助法海的工具在那一刻猛然看见了“风险”。

其实每个人都有潜在的风险。如果有人一见面就告诉你，你可能面临患疾病的风险，相信很多人都会不开心。很多人买保险的动机是自己身边的朋友买了保险，或自己已经罹患轻症或重疾，想“亡羊补牢”。因此，专业的保险销售员或银行理财经理，要借助专业的工具并辅以讲解，让客户提前看见风险。

故事二：空难背后

但凡有事故，就会涉及赔偿，我们无法预测明天和意外哪一个会先到来，所以需要用保险弥补缺口。

从 2014 年的两场空难，再到 2018 年、2019 年连续的两场空难，人们开始聚焦空难后遇难者家属的生活及赔偿标准的确定。早在 1929 年制定的《华沙公约》，是世界航空灾难事故赔偿的最早的法律依据之一。按照此公约的规定，航空公司必须对乘客在飞行和起降过程中的伤亡负责。所有空难的个人理赔上限为 12.5 万法郎

（约合 8600 美元至 1 万美元）。1955 年制定的《海牙议定书》把《华沙公约》的赔偿上限提高到约 2 万美元。1966 年制定的《蒙特利尔协议》规定，凡飞经美国、加拿大或以这两国为目的地的航班，其空难最高赔偿上限为 7.5 万美元。1999 年，各国签订了《统一国际航空运输某些规则的公约》（以下简称《公约》），对赔偿金额再度进行调整。《公约》以国际货币基金组织的特别提款权为单位，规定空难的最高赔偿额上限是 10 万个特别提款权（约合 13.5 万美元），以此为标准折合各国货币价值。

在美国，空难赔偿遵循的一般原则是，按受害者本人如果没有死伤，其在一生中可能挣到的钱来赔付的，因此不同申请者得到的赔偿相差悬殊。如果有证据证明航空公司出现了严重的失职，则遵循惩罚性赔偿原则，最终的赔偿金额将远远超出实际损失的金额，具有代表性的是为洛克比空难遇难者提供每人 1000 万美元的赔偿方案。

以某件空难案为例，最后定下来的赔偿标准大致是

22.5 万美元，此赔偿标准符合国际惯例并超过赔偿标准。

但是，一些遇难者家属为什么不接受呢？原因非常简单，遇难者家属都有一份自己的损失清单，比如，欠银行的贷款、在退休时可以获得的收入、对家里子女的抚养义务和老人的赡养义务等。大家都认为自己家损失很大，远远不是 22.5 万美元能弥补的。

如今，我们很容易知道一辆车的价格，很容易知道一头猪的价格，但是我们很难确定一个人的“价格”。空难者的家属到底损失了多少，很难进行评估，他们的生活从此发生了巨大的改变，在失去亲人的同时也失去了一个重要的收入来源。

意外是否可以通过“小心行得万年船”来预防呢？答案似乎是不能，事故只是概率的积累，而我们无法预测明天和意外哪一个会先到来。而有时，事故的赔偿标准较低，缺口无法弥补，因此我们需要意外险。

故事三：陆勇案件背后

其实，重疾险更像自身能力的一个“拷贝”，一旦自身出了故障，启用拷贝，家庭生活可以一切如常。

《我不是药神》这部电影在2018年热播，电影中主角的原型为陆勇，他是无锡人，2002年得了慢粒白血病，在当时是一种绝症。有一天有人向他介绍了一种叫格列卫的药，此药对减轻慢粒白血病的症状有帮助，但价格不便宜，大概一天花900元。陆勇吃了这种药后发现，自己的病情有一定的好转，可以像正常人一样生活了。这时很多病友向陆勇寻求帮助，陆勇向病友推荐了格列卫。要知道，在2002年每天花900元，大概一周的药费就相当于一线城市核心地段一平方米的房价了。陆勇依靠巨额支出维持生命，背后是巨大的成本堆砌，普通人根本无力承担。

为什么格列卫这么贵？西方很多国家把医药行业作为支柱行业，热衷于药物研发，之后再将研发的药品卖向全球。中国是世界最大的癌症药品消费市场之一，世界卫生组织的资料显示，2018 年全世界癌症新增病例 1810 万例，死亡人数达 960 万人。新发癌症病例有一半在亚洲。

资料显示，2011 年欧洲主要制药厂平均每种药品的研发费用是 48 亿美元，其中格列卫的研发成本达到 200 亿美元，还不是最贵的，这笔费用足以修一条从北京到上海的高速铁路。因为药品有 20 年的专利保护期，所以制药厂需要尽快收回成本。中国慢粒白血病患者对格列卫的需求量很大。中国加入 ICH（人用药品注册技术要求国家协调会议）后，已成为全世界最主要的医药品进口市场之一。随着我国政府抗癌药进医保谈判的推进，越来越多的昂贵药品开始纳入医保，为中国人民带来了福祉。

药品的价格真的很贵，人在衰老和疾病面前，其实非常脆弱。2017 年，我家开了 11 年的旧车，突然有一天水箱坏了，我就找了一个司机朋友帮忙维修。修完之后，他说这车开了 11 年了，需要赶紧扔掉，因为后面维修的成本会越来越高，不值得再维修了。我把他的话说给我妈妈听，她听后很难过地说："车旧了可以扔，人老了怎么办呢？"在一辆轿车"老"了之后，如果你想通过维修把它变成"新车"，维修成本就会很高。在这样的情况下，大多数人是不会这么做的。治疗一个重症患者的费用虽然十分昂贵，但大多数人会不计成本地治疗。倘若要把身上的器官都换一遍，加上医药费，总费用就可想而知了。

2017 年，我在日本北海道曾看到某电视台播放的保险广告：花 5 万日元买一份保险，保险责任是可以多次换器官。日本的老龄化很严重，一个重症患者若想活下去，保险公司提供换器官的保障就十分重要。所以，有时我们需要依靠一个杠杆来解决一个"刹车片"的问题。不是保险定价高，而是药品和治疗费用本身就很高；不是药品贵，而是人越来越"贵"。

故事四：利益共同体与家庭保险责任

人是社会的人。在风险出现时，人们会无条件或有条件地去救人，每个人都是利益共同体。

很多电影聚焦于癌症病人的家庭，让人们知道了病人的痛苦与难处、病人家庭的痛苦与压力。其实每个家庭成员都是利益共同体，所以在计算保险责任时，应该考虑每个成员。

那么，什么是利益共同体呢？

简单说就是你对其具有赡养或抚养义务的成员，当然也可以是你的挚友。当他出现问题时，你必须不惜代价地去资助他，他与你就是利益共同体。

一个家庭就是一个由利益共同体组成的风险防御整体。如果有一个利益共同体没有任何保障或保障不全，就像一栋房子装了一扇最好的防盗门，但有一扇窗没有装窗户，在这样的情况下是有漏洞的。

防守不能挂一漏万，这样的防守是无济于事的。比如，一个美丽的房子装了最好的防盗门，却忘了装窗户，一旦风险来临会如何？每个人有各自的家庭，所有家庭成员共同构成利益共同体。

故事五：重疾险为什么率先出现在南半球

买保险从财务角度看，是用一个“有底洞”去堵住多个“无底洞”。

身患重疾的人都希望获得医疗援助，都希望康复期间的损失能够得到补偿。正是基于这些简单的需求，重疾险应运而生。很多人认为重疾险源自保险公司，实际上其源自南非的一名医生，这个故事很有意思也很震撼。

这位医生叫马里尤斯·巴纳德，是世界上第一例心脏移植手术的实施者。他曾经做过一例肺科手术，病人是一位黑人女士，手术很成功。巴纳德医生反复叮嘱这位女士，要求她在未来一段时间内，不要干活，需要静养。但当巴纳德医生再次见到这位女士时，她已经病入膏肓了。他问这位女士在这期间到底发生了什么，她的答案却跟医疗过程本身没有关系。其实这位女士是一位单亲妈妈，需要上班，无法休养，只得带病工作。她在工作的过程中重新发病了，此时便很难医治了。巴纳德医生发现，医学可以挽救一个人的“生理生命”，但不能挽救一个人的“经济生命”。于是，1983 年，重大疾病保险在南非应运而生，而重疾险正是源自巴纳德医生。

二、儿童购买保障型产品的必要性

家里有宝藏，更需要保障。因为有保障，才能永远有宝藏。

给孩子买保险，就是给他的一生建造了一座无形的万里长城。而随着年龄的增长，保险费在不断上涨，在孩提时给孩子买保险性价比较高。

很多家长喜欢给孩子投保教育保险，其实投保保障型保险也很有必要。原因如下：

1. 如果孩子长大以后要自己买保险，那么小时候买终身寿险费率最低

孩子的终身重疾险的费率大约只有成人的1/3。

此外，终身寿险覆盖一个人的整个生命周期，不如趁早给孩子买。这如同要在游乐场玩一天，上午进去一定比下午进去更划算。

2. 保险计划是最珍贵的合同礼物

玩具会坏，房子会旧，但保单能跨越世纪，历久弥新。

其实对于普通人来说，最大的保障就是福利好，有安全感。

如果我们对孩子的将来无法确定，那么就要考虑给他准备足够的年金保险、重疾险。把钱放对了地方，就可以给孩子的终身幸福一个保障。

3. 投保少儿重疾险，看上去是给孩子买保险，其实也是在给自己储备养老金

中国老龄化问题日趋严重。当投保人需要养老金时，如果遇到困难，则不用向孩子寻求帮助，因为少儿重疾险的现金价值累积，在孩子成年时，基本等于所交的保险费之和，这就是储备好的一笔养老金。如果你去问 70 岁以上的老人，什么是幸福？他们往往会说，退休金高的人最幸福，而少儿重疾险在无形中增添了这样一份安全感。

其实客户从来没有拒绝过保险，或许只是在拒绝“听不懂的介绍方式”。

三、常见的问题

什么东西要用的时候买不到，还随着年龄不断涨价？

自 2013 年起，每年的 7 月 8 日被定为“全国保险

公众宣传日”。中国银行保险监督管理委员会（简称中国银保监会）在官方媒体的黄金时段长期做公益广告。公益广告的内容一般是劝大家不要参与非法集资，防范电信诈骗，不要吸毒，不要吃野生动物。而 2019 年的宣传主题是：爱国爱家，从一份保障开始。商业保险可能是公益广告唯一劝你购买的金融产品。

在保险公司的数据中，已有保单的客户加保占据新业务量的一半以上。真正搞清楚保险责任背后的意义是关键。

以下是几个常见问题：

1. 为什么买重疾险，却要附加更全面的轻症保障

人类面临百年未有之变局，科技革命日新月异，很多重疾在轻症阶段就能够被发现。而且，随着体检技术的普及和升级，当很多病人被诊断出重疾时，还处于轻症阶段。因此，完全可以在技术上实现理赔前置。

有的产品，在轻症赔付后，有主险保额不降反升的功能，这也是时代的福音。

2. 有了社会保险，商业保险还能发挥作用吗

社会保险（简称“社保”）与商业保险（简称“商保”）既有区别又有联系，区别在于两者的性质、作用、资金的筹集与支付、管理办法等都不相同。但两者又有着共同的特征，即集聚众多的经济力量，分担个别意外事件的损失，以确保社会生产的继续进行和社会的安定。它们都是以人身风险为保险对象，运用大数法则和概率论的原理来计算的，在事故发生之前必须预先集聚资金，当危险发生后，按规定支付保险金。

然而两者还有着本质上的区别，不可相互替代，具体表现在以下几个方面：

（1）社会保险与商业保险有着不同的性质和作用

社会保险以贯彻国家的社会政策和劳动政策为宗旨，以全体公民或劳动者为保险对象。投保人只要在国家社会保险法所规定的范围内，均须加入社会保险，无选择的余地。同时只要在国家社会保险法规定的范围内，无论投保人的年龄、身体状况如何，社会保险的承保人都必须予以承保，社会保险是一种强制性保险。

商业保险是一种建立在保险活动当事人自愿的基础上的保险契约关系，属于自愿保险。无论法人或自然人，凡是对被保险人具有保险利益的，均可为被保险人投保。个人加入保险与否，任凭个人选择。加入后是否延续下去，也完全出于个人意愿。商业保险的对象是那些有缴费能力的人，保险人对被保险人还常常有许多限制条件，如对被保险人的体格检查和投保年龄限制，身体不合格和超出年龄限制的不予承保。

（2）社会保险和商业保险的资金来源及计算方法不同

社会保险的资金是通过国民收入的再分配实现的，即国家通过税收或保险费的形式预先将资金集中起来，然后在公民因疾病、伤残、年老、失业、失能等产生经济困难时予以再分配，以保障他们的基本生活。社会保险的资金通常由个人、企业、政府三方按一定比例共同承担。

商业保险是一种商品经济行为，要求遵循等价交换的原则。商业保险的保险费一般根据保险合同的规定由投保人负担，被保险人为了获得领取保险金的权利，就必须履行缴纳保险费的义务。保险人根据所承担的保险责任按照预定的死亡率、利息率、营业费用率等来计算被保险人所应缴纳的保险费。

（3）社会保险与商业保险的给付水平不同

社会保险各项待遇的支付，是根据整个社会经济的发展水平和社会保险法的有关条文，由国家单方面规定的。它通常按照劳动者的工资水平、工龄长短、工作性质、贡献大小，分成不同的标准；同时还要考虑劳动者的实际困难和需要，既要有一定的限度，又要保障其基本生活。社会保险并不完全考虑权利与义务的对等关系，公民享受的待遇也不完全取决于其缴费的多少和缴费时间的长短。

商业保险实行“多投多保、少投少保、不投不保”的原则，其保险金额由保险人与被保险人在保险合同订立时共同确定。保额实际上完全取决于投保人的缴费情况，保障程度受个人缴费能力的制约。投保人按合同规定缴纳保险费，在发生事故后，保险人按保险合同的规定给付保险金。

（4）商保是社保的最有效补充

社保是政府的民生工程，惠及每个家庭。从一开始的城镇职工社保到后来的城乡居民社保，中国基本实现了全民社保，这极为不易。随着人民生活水平的提高，人民群众的需求也在发生很大的变化，如希望能用到最新最好的药品并且这些药品能列入报销范围，希望能够在生病期间获得更多的补助，以弥补家庭收入的缺口或者偿还银行贷款等。因此，商业保险成为社会保障体系的另一根重要支柱，被越来越多的家庭关注。

社保与商保的关系如同家门口有地铁站或公交站，但大家可能还是会买私家车，原因是乘坐私家车更方便、更幸福。在一个人生病后，大概会产生三个财务漏洞：治疗费用、康复费用、收入损失。社保能解决基础问题，但单人病房费用、护工费用、医保外用药费用等问题，却无法得到妥善解决。

说到收入损失，我曾经处理过一个出租车事故的赔付案件，司机除了索要正常的修理费用，还索要了每天 500 元的营业收入。其实，每个因病无法工作的人不是也有收入损失吗？

3. 预算不足，如何规划保险

投保商业保险有一个优先顺序，但人们有个错误意识，认为低收入的人不需要保险。其实保险是覆盖一个人的责任的金融补偿工具，有责任就需要有保险。因此如果预算紧张，首先要看哪些钱是必须花的，哪些钱是可花可不花的。分清责任和欲望，是财富管理的起点。这样大家就会发现，保险对很多家庭来说是一个应该列入预算的项目。

保险保护的不仅是自己的生命，更是保护需要照顾的人的生命。

如果你刚参加工作、收入低，可以先投保意外险，逐步增加重疾险保额。先从拥有保险开始，一步步加厚人生“保护膜”。

4. 为什么会有人“因病致富”

2020 年中国保险业协会征集对重疾产品条款释义进行修正的意见，其中，一个重要背景是甲状腺肿瘤高发，导致保险公司的赔付率大大提升。这个被趣称为“天使癌症”的疾病治愈率很高且治疗费用很低，而保险公司是根据确诊条款进行全额赔付的。这意味着可能你花 1 万元治好了病，但因为保额是 200 万元，所以保险公司赔付了 200 万元，这就是所谓的“因病致富”。

5. 为什么人们会感觉买保险年纪越大越不划算

人到中年，投保人寿保险，人们经常发现自己交的未来各期保险费之和居然与保额一样多，甚至比保额更多，于是觉得很不划算。我想起某天听到的交通台的早间广播，有一辆接近报废的面包车在隧道里抛锚了，拖车救援的成本比车本身的价值还高，于是车主选择弃车，径直走了。

其实中年人投保必须思考的一个问题是，买了保险是出险更划算，还是不出险更划算。从经济意义上讲，如果一个人不生病，平平安安，那么可以创造多少个人财富及社会财富呢？

从医学角度来看，虽然意外和重疾跟年龄没有必然关系，但从保险公司提供的出险数据来看，40～50 岁的出险概率骤然增加。简单说，此时投保已经到了高风险的年纪，非常有必要，再往后估计都不能投保了。

6. 为什么有人买了保险，还会不断加保呢

据统计，加保客户通常占到新客户的一半。为什么买了保险的客户还会继续加保呢？原因是在人生旅途中，随着责任的增加，人们的保险金额需求总量也在增加，人们用不断创新的保险产品来抵御新产生的风险。

（1）人的身价在不断提升

人创造价值的能力在不断提升，因意外和疾病带来的实际损失估值也在不断变大，我年轻时买的重疾险保险金额通常在两万元左右。现在，显然需要加保。

（2）医疗技术的革新

技术的革新可以让很多疾病得以治愈或病情得到控制，但是作为新技术，其研发成本非常高，治疗成本不断上升，这和医保覆盖本质上没有关系。

（3）保险产品的创新

疾病的种类不断增加，体检的意识不断加强，保险可以覆盖和保障的疾病种类也不断增加。因此，需要不断地更新产品，以增加保险责任范围和保险金额。

7. 为什么年轻人风险比较小，也需要买保险

（1）意外跟年龄没有直接关系

我们总是小心翼翼，但不代表别人也小心翼翼，意外的发生是概率的累积。如果说意外是坏运气，那么让我们把这些可预见的坏运气统统打包给保险公司，自己留下意外中的“惊喜”部分。

（2）疾病跟年龄有一定的关系，但年轻人显然也需要一份保障

从险企提供的理赔年报中的数据来看，疾病赔付的群体多为中青年，这与人们想象中的不同。但从可保意义上讲，年轻人还有大量的预期财富尚未获得，潜在的人生价值尚未实现，可保程度不比老年人低，而保险费却更加便宜。我的很多中年朋友，已经出现了些许身体状况，处于加费、除外责任或拒保的核保尴尬中。

（3）年轻时买保险，费率更低

著名科学家埃德蒙·哈雷利用德国布雷斯劳市的卜斯波，精心收集和整理了该市 1687—1691 年按年龄分类的死亡记录，统计出了按照不同年龄和性别分类的死亡人数、出生人数，编制了三张表。这三张表构成了一份完整的“布雷斯劳生命表”，即哈雷生命表。1693 年哈雷正式发布了他所创制的生命表。

根据生命表，保险就是年纪越小，投保越便宜。

年轻人存在现金流不足的问题，其实把保险当作“强制储蓄”或许立刻就能解决了。

另外，保障的额度和种类也可以逐步完善，但最好在 35 岁前完成自己的“人生防线”。

8. 健康险和重疾险，你需要哪一个

健康险覆盖的只是治疗费用，重疾险还覆盖收入补偿和康复费用。很多消费者很容易搞混这两个产品：前者通常以每年交几百元获得几百万元保障而著称；而后者大概每年交上万元才能获得百万元保障。二者究竟有何区别？

（1）健康险

健康险通常是短期险，根据发票赔付，与医保有一定的重叠性，可以覆盖社保未报部分、社保外的医疗开支，甚至包括海外医疗等。它可以帮助人们在第一时间去国内外较好的医院进行治疗，而无须考虑医保是否支持转院和异地支付等。

短期险的保险费逐年上涨，年纪越大保险费越高，出险或身体出现变化后无法保证续保。同时，也有随时停售的风险。

对于费用补偿型的健康保险产品来讲，其责任遵循损失补偿原则，产生的医疗费用不能重复理赔，因此，我不建议消费者重复购买此类产品。

（2）重疾险

重疾险通常是长期险（定期或终身），赔付时不需要发票，只需要医学证明，和医保完全不冲突。它解决的不仅是医药费，还有高端病床费、护理服务费、康复支出，能缓解重疾带来的巨大压力，对损失中远期劳动收入甚至终身收入的人进行补偿。不同于健康险，重疾险的赔付并非按照损失补偿原则，而是按照约定的保险金额给付的，原则上保额越高越好。

这样看，健康险更像一个止血的“创可贴”，而重疾险是一个人的价值创造能力的“备份”。短期险更像租房子，到期后由房东决定是否继续承租；长期险更像买房子，房子是自己的。但如果面积不够，不妨选择“买+租”的方式：在生命最“昂贵”的年龄段，提高保障额度；在年老保障成本增加时，停止买短期险，只保留长期险，完成最后阶段的保障和养老储蓄。

9. 符合重疾的保险责任有哪些

（1）保险责任不仅是指治疗费用，还包括未尽责任

当风险来临时，巨大的开支、银行贷款、孩子养育等这些未尽责任谁来承担？如果不能工作了，雇主还会一直发工资吗？这些都是保险责任需要保障的。

（2）从保险医学角度看，医学不断进步，很多疾病都能被救治

很多年以前肺结核是绝症，现在肺结核很容易治疗，准备足够的医疗费用很关键。经过中国政府的不懈努力，越来越多的抗癌药通过谈判，价格大大降低且免除了关税，被纳入了医保，为患者带来了福音。而最新的进口药品受到专利保护，进入医保还需要等待一段时间。

10. 为什么我们感觉保费贵

（1）保费有两个核心功能

一是用来计算保障额度。从这个角度来看，人们觉得保费贵了，很可能是自己的年龄增长了，年纪越大保费越贵，保费和保额之间形成的杠杆就越小。

二是用来完成人们的人生准备金“储蓄”。也就是说，保费基本上会通过未来理赔、退保、生存金等方式返还。

（2）保费计算有统一规则

费率以功能为基础进行定价。保险的功能就是它所承担的保险责任：保哪些？保几次？有没有限制？保额会不会涨？涉及哪些体检就医、健康管理、贷款投资等附加服务？各家公司赔付次数的判断标准、疾病种类仍有较大差异，这使得普通消费者很难进行专业的横向比较，而仅从保额多少判断保费是否贵了。

（3）品牌也是价格的形成因素

品牌代表的是赔付质量和客户满意程度，保险可能是一辈子的事，对保险公司的长期服务能力要求很高，因此选择好的品牌很重要。

11. 怎样快速鉴别一家保险公司的品牌质量

很多消费者会因为价格和品牌犹豫不决。其实很简单，在意品牌的选品牌，在意价格的选价格。在选择品牌的过程中，如果需要权威数据，不妨看看监管机构或权威机构公布的全国各大保险公司的服务评价打分数据及市场占有率。一般来说，数据越好，服务越有保障。如果你想买一家新锐公司的产品，那么可以看看这家公司的市场占有率的变化情况，毕竟好东西会很快被人发现。如果你很在乎价格，如想买一条便宜的牛仔裤，那么本市到底哪家店最便宜呢？问题似乎无解，因为总有更便宜的。所以，在对比价格的过程中，性价比是极其重要的考虑因素。

在选择大品牌的时候，人们也爱看互联网上的文章。如果你不是专业人士，我不建议你看这些文章，但有一点需要提醒大家，市场上头部企业的产品经常会被攻击。市场占有率高的产品和品牌往往是被攻击的对象，这就是所谓的“碰瓷营销”。目的有两个，一是关联明星才有关注度，借热点推荐自己的产品；二是获得大公司品宣的维护费用。所以在选择的时候要看专业的数据，数据比所谓的道理更重要。

第三章

年金保险在财富管理中的作用

年金保险的源起

年金保险从诞生之日起，就与养老金密切联系在一起。资料记载，早在公元 5 世纪的欧洲地中海沿岸地区，当时保险业还未出现，人们向一些宗教机构支付一笔款项，作为回报，这些宗教机构会给这些付款的人提供一个终身食宿的居所，并且还定期给他们一些零用钱。这可算作年金保险的雏形。

年金保险的产生

现代意义的年金保险以企业年金的形式诞生于美国。19 世纪 70 年代，美国快递公司率先开展企业年金计划，随后在铁路、银行和一些公用事业领域推广开来。当时的企业年金主要是为解决企业的高级管理人员、核心技术人员及永久残疾雇员的养老金问题而存在的，对普通员工的覆盖率很低。由于这些企业年金是企业出于自身的经济利益而自发成立的，企业年金的支配权完全掌握在企业老板的手中，如果员工在退休前离开企业，那么他就会失去这种福利。可见，当时的年金还不是真正意义上的商业保险产品。

商业年金保险的产生

商业年金保险的产生，与美国养老保障体系的建立和推动有关。美国《社会保障法》和 401K 计划（本身是企业年金的税收优惠计划）的实施，推动了以三大支柱为特征的美国养老保障体系的形成和快速发展：第一支柱是政府主办的社会保险（类似中国的社保）；第二支柱是企业年金（市场化的补充养老保险，即以 401K 计划为代表，享受税收优惠、由企业主资助的私营养老保险）；第三支柱是以个人养老年金保险为主的商业养老保险及其他储蓄。由此，作为第三支柱重要组成部分的个人养老年金保险满足了新的养老体系的需求，逐步发展并成熟了起来。

商业年金保险在全球的发展

人口老龄化的矛盾日益凸显，在借鉴美国养老保障体系成功经验的基础上，欧洲各国、日本、韩国及东南亚等新兴经济体，先后建立了由政府、企业和个人共同负责的三位一体养老保障体系：一是政府养老金；二是企业年金；三是个人商业年金保险（保险公司推出的商业养老年金保险）。而作为第三支柱重要组成部分的个人养老年金保险，在政策的引导下，也在不断推陈出新。

2016 年，中国的保险费收入超越日本，排名世界第二。但日本人口总数约为 1 亿人，因此我国的人均保险费其实还非常低。那么美国、日本那么高的保险费是怎么构成的？在这里，年金保险费相当重要。根据央视财经的数据，2017 年我国年金保险费收入仅占总保险费收入的 4.4%，美国、英国、加拿大普遍超过 35%。年金保险成为高福利的代名词，美国比较具有代表性的是 401K 计划。

从保费统计数据来看，我国的企业年金市场发展迅速。如图 3-1 所示，突破第一个 1 万亿元保费，从 2007 年到 2016 年，用了约 10 年。而从 2017 年到 2020 年，仅用 4 年左右的时间，规模突破 2 万亿元。依照目前增速，2020 年之后的 3 年，保费规模将突破 3 万亿元。

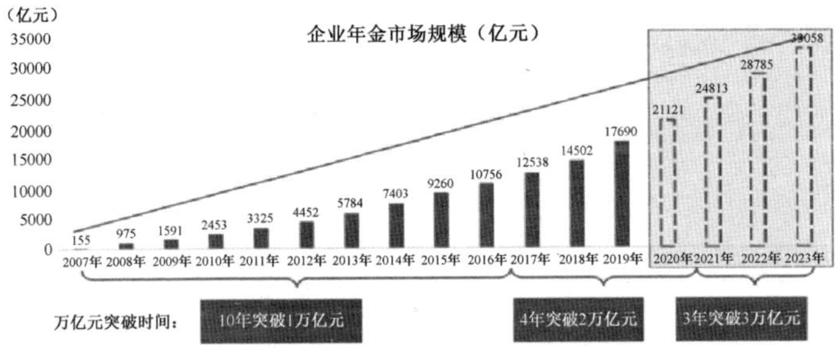

图 3-1 我国企业年金市场规模发展情况

以上的统计尚未包含个人年金。我国企业参加企业年金的比例非常低，且在领取水平、年限、资格等方面还有很多限制，因此个人年金是中国保险业保费增长的重要来源。那么年金保险在家庭财富管理中究竟承担着怎样的角色呢？

一、财富管理与风险管理

千万别把自己靠运气赚到的钱却靠本事给弄丢了。

1. 为什么我们需要年金保险

《人类的起源》中介绍过，人类的祖先是智人；另一个旁支是尼安德特人，其高大凶猛，生存能力强，却无缘成为人类的祖先。考古发现，尼安德特人适应环境变化的能力差，而智人的伟大在于，其学会了使用鸵鸟蛋来储存水源，以便旱季时饮用，大大提高了生存能力。年金保险可能就是这个“鸵鸟蛋”的角色，它帮助现代人类在生命的不同周期内都有“水”喝。

那么年金保险相对于其他理财产品，优点和缺点又是什么呢？

（1）无风险收益

人们把投资收益划分为很多维度。今天我们换个角度，把投资收益划分为风险收益和无风险收益。目前市场上的理财产品大多为风险收益，而年金保险的收益为无风险收益。

（2）利率保价

利率就是资金的价格。比如，20 世纪 90 年代，你存 100 元到银行，银行要给你一年十几元的利息，现在银行只能给你一年一元多的利息。这就是利率下降导致的资金价格下降。随着经济的发展，低利率甚至负利率时代将逐步到来。

长期投资就是让今天的资金在明天也能卖个好价钱。年金保险在设计时需要报备一个产品的利率，这在客观上起到了保证利率的作用，而保证利率就是保证资金的价格。

这个功能其实国债也具备，但如果需要保证更长时间的利率，就需要年金保险来解决了。

（3）存在初始费用

年金保险相较于一般理财产品，它的缺点是有初始费用。因为初始费用的存在，导致人们在短期内需要退保或者领取年金的时候，不能拿到全部本金。因此投保年金保险需要做好长期规划的心理准备，这样才能真正体会到它的价值。与长期投资不同，年金保险的管理费用在整个投资的初期就被集中收取了，而不是像短期投资那样分到每期收取。

（4）年金保险的初衷

选择年金保险的初衷是人们这一生能够工作的时间通常短于不能工作的时间。随着老龄化社会的来临，这一趋势在不断加深。年金保险的核心作用，就是把财富在人生的不同阶段进行分配，保证在不工作的漫长时期里，不会影响正常生活。随着科技的发展，人类寿命不断延长，年金保险的支付责任变得更加重要。

2. 为什么选择年金保险首先要考虑公司实力

在选择年金保险时，人们已经知道预期兑付的时间基本上在后半生，因此公司的生存能力非常重要。虽然各个国家的法律都对寿险公司给予了一定的保护，从国内安邦、幸福人寿等公司的危机来看，政府也会出面予以重组，但从国际金融危机的处理和法律的长期修订风险来看，在选择年金保险时，如果有条件还是应选择一家大公司的产品。

二、人们的钱会悄悄“丢失”

拿破仑一直打胜仗，却在滑铁卢惨遭失败。错误投资的风险就是家庭财富的“滑铁卢”。

首先需要弄清楚财富管理与风险管理的区别。

（1）财富管理的前提是守住钱。先守后攻，防守反击，而防守的部分就是风险管理。

（2）进行风险管理，要先分析在新经济形势下，钱是如何“丢失”的：

① 挥霍透支的风险。

② 疾病和意外的风险。

③ 错误投资的风险。

④ 电信诈骗和资金挪用的风险。

下面我们来具体说一说这几种“丢钱”的方式。

第一种方式是挥霍透支的风险。

我们的财富从哪里来？保持财富的秘诀是什么？总体来说，财富的保持源于合理规划财产，挥霍和透支是人生中很大的风险。

每个人都可能是自己行业的专家，尤其是行业精英们，但他们往往不是财富管理的专家。很多人的财富管理观念不强，赚到钱以后只想着全部花掉，并不知道要去规划自己的未来。比如，在现实生活中，人们对突然增值的财富经常表现得无所适从，会在4S店买豪车、盲目消费，对突如其来的财富没有进行规划，或者也无能力来规划。财富管理是一件专业的事。很多人不知道钱该怎么花，也不知道要用这笔钱来支付什么东西，所以往往选择赶紧花掉。

大家都很熟悉拳王泰森，泰森赚钱最多的时候，大约有 5 亿美元。赚了 5 亿美元后他很担心，这笔钱该怎么花掉？由于他缺乏规划财产的意识和能力，后来被他的经纪人骗取了 1 亿美元。因为挥霍，泰森最终破产。

故而，要想守住财富，我们首先要防范的是挥霍透支的风险。

第二种方式是疾病和意外的风险。

这种风险对一个家庭的经济影响可能是致命的。失去了顶梁柱的家庭往往会一贫如洗，命运多舛。而在病痛中持续煎熬的家庭很可能会丧失被动收入和主动收入，逐步陷入贫困。

在这个风险中“丢失”的财产可能是难以预估的。整个家庭的现有财产及未来预估可得财产可能都会“丢失”。

第三种方式是错误投资的风险。

金融的核心是为风险定价。如果无法识别风险，那么遇到错误投资就是一个概率问题。2020 年 11 月，中国银行保险监督管理委员会宣布国内所有点对点公司均已停止运营，但这并不意味着错误投资的风险会消失。错误投资不仅会发生在非法的金融机构中，还会发生在正规的金融机构中。究其原因，普通投资人天生不具备“免疫能力”。从包商银行案、中行原油宝案、湖北金凰珠宝案等案例中能够发现，错误投资的风险一直存在。如果不加防范，那么一次失败就会输掉所有。

第四种方式是电信诈骗和资金挪用的风险。

2018 年，有关中国电信诈骗，警方立案超 69 万起，损失超 222 亿元。于是，南京市公安局做了 3 个反电信诈骗的广告，将其贴在很多公共场所。

我们来看看南京市公安局反电信诈骗广告中的一位男士是怎么被骗的。他是单位的会计，被拉到公司的微信群里，他的上级让他给某个客户转 100 万元，他就执行了。第二天，他发现自己欠银行 100 万元，那个微信群也是假的。

2019 年年初，我受邀到南京一个驻地单位去讲财富管理课，在我前面演讲的是一位当地派出所的民警，他表示，日常案件里大约有一半是电信诈骗，明偷明抢几乎绝迹。从法律角度看，电信诈骗相比于偷和抢，暴力性质较小，但骗取的金额却更多。影视作品中有一个“防骗高手”，即《智取威虎山》里的座山雕，无论谁来，他都不开山门，只有对上了暗号“宝塔镇河妖”才开门，所以活到了最后。

面对电信诈骗，我们可能需要在钱上，特别是血汗钱、养老钱、保命钱再加一道锁，这个锁叫“线下加密”。年金保险可以实现这个“加密”功能。

2020 年“断卡行动”在全国 29 个省市同时开展。经过警方的努力，成功破获电信诈骗案 26 万起，平均每两分钟破获一起。

三、财商

如果一直追求高收益，则如同长期超速行驶，车毁人亡的事故难以避免。

罗伯特·清崎的著作《富爸爸穷爸爸》是一本财商教育的启蒙书，让人们系统地了解到了财商教育的重要性。目前，财商教育在国内尚处于启蒙阶段。

1. 财商为什么在当代社会至关重要

（1）财商是驾驭财富的能力

财商也称金融智商，是指一个人创造、认识和管理、应用财富的能力。财商与智商、情商一道，成为现代社会人们必备的三大基本素质，三者相互联系，也有所区别。金钱观也会反映一个人的智商和情商，但财商的不同之处在于，它是在商业环境和思维中熏陶、培养出来的一种能力。这种能力的获得将影响一个人的生活水平、幸福指数，乃至其一生的命运。

（2）财商是保住过去赚到的钱

财富管理的能力最终由财富管理者的财商来决定。如今，中国一二线城市家庭拥有的资产估值在全球中都算偏高的。投资失败和意外事故都是概率的积累，在漫长的历史中，受政治、经济等的影响很大。如何避免“滑铁卢”是每个家庭必须面对的问题。

2. 财商是财富的综合管理能力

（1）为什么财富不会一直增加？从家电到房产，未来的财富载体是什么？

30 多年前的中国，财富的标尺是以家电为代表的“三大件”，拥有“三大件”就代表着富裕。1989 年，在经典小品《懒汉相亲》里，宋丹丹饰演的姑娘要嫁给一个穷人，村长藏在纸箱中假扮电视机以证明那个穷人的经济条件还可以。如今，“王牌资产”是房产。在经济学中，每个经济周期都会有个“王牌资产”，其到了下个经济周期可能分文不值了。要想知道下个经济周期，或者说30年以后，什么东西最贵，这就需要对经济学数据有专业的认识。

（2）为什么普通人投资通常败多胜少？

投资是一件专业的事情，跟财富管理一样专业。理发是一件专业的事情，人们会去理发店理发；修汽车是一件专业的事情，人们会到修理厂修车；但是投资理财却需要更强的专业性，而很多普通的投资者喜欢自己亲力亲为。专业的事情让不专业的人去做，大概率会产生高昂的代价。因为财富管理是一件如何对钱负责任的事情，并且专业程度不低。

（3）收益最高的产品是否最好？

大家觉得一名好的驾驶员应该是什么样的？车开得特别快，开得特别慢，都不是最好的。在每个车队中，几乎都有“十万千米无事故光荣榜”，这个光荣榜中的驾驶员是驾驶最安全的，而不是驾驶最快的。所以财富管理也不是一味追求速度，而是要建立在安全的基础上。

3. 财商的三条线路选择小测试

假如有一艘船的货物要从中国运到非洲，有三条线路供你选择，并且时间充裕。A 线路会碰到海盗但速度最快，只要 50 天就到了，一旦出险，人财两空。B 线路会遇到巨浪，有可能船会翻，导致财产损失，70 天能到达。最慢的是 C 线路，需要 90 天才能到达，既无海盗也无巨浪，很平安，但要绕远一点儿。你会选择哪条线路？大多数孩子都会选择 C 线路。有个孩子说，在漫长的人生道路上，时间不是问题，关键是要完成任务，获取报酬。但大人很困惑，因为他们内心想选择 A、B 线路，却又说不出原因。

其实 A、B 线路是创富线路，C 线路是守富线路。改革开放四十多年，我们一直在创富，创富是要冒险的。但守富不同，守富是要回避风险的，确保“到达”和财富最终属于自己。

什么是回避风险？比如，开车运鸡蛋，你要注意的是，不变道，不开快，只要求安全到达，鸡蛋完好。

4. 财富该怎么分配？有公式吗？

财富分类如同垃圾分类。在实行垃圾分类后，每当产生垃圾，我们都会问：这是什么垃圾？在产生财富后，每产生一元钱，我们也要问：这是什么钱？该放于何处？这就是财富管理中的资产配置。

家庭资产规划象限图如图3-2所示。图中的这四个象限真正的核心在于，理财从业者如何影响客户对待这四个象限的态度，并让其展示出真实的面貌。

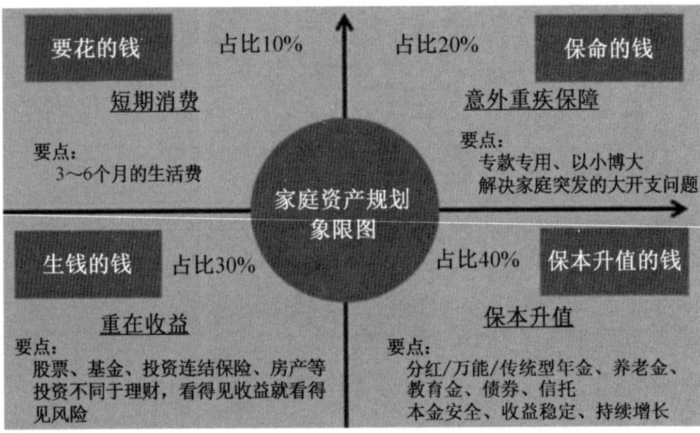

图3-2　家庭资产规划象限图

每个象限的四个维度：占比、用途、工具、关键句，如下所示。

（1）第一象限

占比：20%。

用途：保命的钱。

工具：保障型保险。

关键句：保命的钱，以小博大，利用杠杆来解决大问题，用小钱解决大事。

大家不要小看这 20%，其实占家庭资产 20%的财富，在很多时候根本就不足以保命，而是用 20%的钱加了杠杆才能保命。保命这件事本身就很可能是个无底洞。人类在探秘宇宙时，1977 年发射的旅行者号探测器已经可以离开太阳系了。但是在面对人体这个空前复杂的“小宇宙”时，我们经常会束手无策，修复这个复杂系统的成本便可想而知了。

其实人生是有成本的。这辈子，我们是赚得多还是花得多，取决于对这个成本的控制。举个例子，我开车送人去机场，收费 100 元，成本 50 元，那么我有 50 元利润。但如果在路上违章，我被罚了 100 元，那我就变成了亏损 50 元。如果把这次行程进行微缩，将其看作人生，如何保障自己能赢呢？当然是堵住由违章或事故可能带来的漏洞，堵住漏洞才有可能实现财务自由。堵住漏洞是有成本的，在“窨井盖”上花的钱，一定远远少于掉入井中的营救成本和因此造成的损失。

在财商教育里有一点很重要，即在关键时刻用上杠杆。杠杆有没有成本？杠杆肯定有成本，只是成本或高或低罢了。

在这里，我推荐的工具是社会保险和商业保险（保障型）。互联网时代还催生了众筹。保险这个工具用了六百多年，我觉得核心是契约性质的互助机制和完整的风控机制。中国人喜欢收发红包，红包最早就是中国人在家庭有喜事或突发事件时的一种互助，但随着农业社会的瓦解，“份子钱”的概念也在淡化。因为大家都在流动，原有的村落组织体系和家族体系逐渐松散。

（2）第二象限

占比：10%。

用途：要花的钱。

工具：灵活的货币基金。

关键句：控制欲望，才有未来。

第二象限占比 10%，即占家庭资产的 10%。这个钱是什么呢？是你随时需要花的钱。你把这笔钱放在不同的金融产品里，一年后收益的差值，可能是几千元，可能是几万元。所以大家会发现，首先要进行选择，确定这笔钱要存放在哪里。事实上非常简单，不同用途的钱，它是用来干什么的，就应该用什么样的工具去解决。最后还有一个关键句，这个关键句非常重要，相当于结论和判断。第二象限的关键句为“控制欲望，才有未来”。控制不住自己的欲望，很难实现财富积累和财务自由。

（3）第三象限

占比：30%。

用途：生钱的钱。

工具：银行理财、股票、基金、投资性房产，以及几乎所有的投资类工具。

关键句：全力进攻，丢了不可惜。

第三象限其实是改革开放后，富裕起来的中国人比较喜欢的工具，也有很多人对财富管理的理解只停留在对这个象限的表面理解上。各种惊心动魄的故事都发生在这个象限里面。

我们常说，高风险，高收益。其实这句话是个病句，高风险不等于高收益，但高收益通常伴随高风险。

风险在政府和机构层面不断被揭示，比如，现在你去买银行理财产品，银行会让你在线上做多道风险测试题，最重要的是会问你能承受多少本金的损失。为什么呢？因为投资是可能会损失本金的。

资管新规（《关于规范金融机构资产管理业务的指导意见》）规定，银行不允许做“资金池”和“打破刚兑”，也就是说客户需要自己承担由判断错误或没有完整阅读风险提示造成的损失。

但从投资风险角度来看，能够一直判断准确的“常胜将军”其实是不存在的。从获得信息到加工信息，普通投资者并不具备识别此类风险或骗局的能力。

或许对于缺乏专业辨别能力，又不愿意做资产配置而孤注一掷全仓做风险投资的人来说，他们只是在等待一次“滑铁卢”，然后归零而已。这种风险在更长的周期里必然会发生，只是风险的累积而已，其风险概率如同地质断裂带上地震发生的概率。

因此我们在全力做好投资的时候，还要依靠第四象限。

（4）第四象限

占比：40%。

用途：保本升值的钱。

工具：国债、信用好的银行的大额存单、年金保险等。

关键句：保本第一，收益第二。

“保本”究竟是保什么本？

其实每个人的一生都是有成本的，即养活、满足、“修复”自己和家人的费用。主要包括以下两个部分：

第一部分为教育金和婚嫁金。我们现在有钱，不代表在孩子上学时有钱，在孩子婚嫁时有钱。因为投资有盈亏，生意有周期，岗位有淘汰。

第二部分为养老金。随着平均寿命的不断延长和医疗技术的不断进步，我们会面临没有劳动收入来源的后半生。而我们花大钱的时间却很可能集中在后半生，甚至是生命的“最后一公里”，所以需要对养老进行提前布局。

如果把人生当成一次客运生意，在即将到达终点时，我们要测算一下，成本和收入哪个多。

如果成本大于收入，那么亏损谁来补？是自家的老人还是孩子？

如果你觉得自己赚得多，那么也有可能是错觉，因为花钱的事情可能还在后面，如同生命的高速路，收费站在接近终点的位置。

既然全生命周期的保本核算工作那么重要，那么保本应该选择什么样的工具？不同工具的区别是什么？

国债、大额存单：提供3年至5年的保本保息服务。

年金保险：提供更长时间，甚至全生命周期的保本保收益服务。

金融机构在帮助客户保本时，需要承担什么样的风险？

这要从利率说起，利率就是资金的价格。马克思主义政治经济学讲得很清楚，资本也是生产资料。不同时期或周期，市场中钱的供需关系不同，就形成了利率。在老百姓眼中，就是投资的收益率。比如，20世纪90年代，存100元到银行，银行一年后要返还111元；但现在，银行一年后只需要返还约102元。如果市场出现零利率甚至负利率，那么可能会出现只返还99元的情况。

因此金融机构承担的风险，就是利率的风险，短期风险可控，而长期风险难控。举例来说，你今天在某银行存了3年的大额存单，若这3年中市场利率急剧下行，银行就会存在利差的损失，操作不好就会亏损。这个风险由银行承担，你则能获得超出市场水平的收益。

保险公司为什么愿意承担更长期的风险？

其实保险公司的金融角色就是社会的“垃圾清运员”，收购被叫作各类风险的“垃圾”。前面说了，风险是概率的累积，也就是说，只要次数足够多，基本都会发生风险。比如我们担心航班延误，就有了航班延误险；我们担心医疗事故，就有了医患纠纷保险；我们担心农民不养猪，就有了生猪养殖的农业保险。经营年金保险的公司收购的就是投资收益下行的风险，以帮助客户保住资产，防止资产被侵蚀和缩水。

典型案例

20 世纪 90 年代，银行利率在 10%以上，所以当时市场上的保险公司给客户的保单定价利率很多在 8%以上甚至更高。后来银行利率下降到 2%左右，但保险公司仍然对这些保单按出品时的定价利率支付生存金和计算保单利益，这些公司都承担了亏损。这类保单的行业术语叫作高利率保单，由它们带来的风险叫作“利差损”。当时经营这项业务的中国人寿和中国平安两家头部公司用了较长的时间才逐步化解了这一风险。

万能账户功在当代，利在千秋。

今天，很多险企都会推出万能账户，通常会有一个具有明显竞争力的无风险收益，同时会有一个不错的保底收益。这明显区别于我们通常遇到的有风险收益。核心就在于保底收益，这是写在合同里的，是对未来追加保险费也按这个利率计算收益的承诺。假设未来市场利率趋于零，保底收益的优势就非常明显了，再加上追加功能，它就会成为保证整个家庭财富正收益的“诺亚方舟”。因此，这样的产品也越来越受到市场的青睐，尤其是“风险厌恶型”人群。我们需要关注的是它的初始成本、追加成本和领取规则等。

如果出现了明显的通货膨胀情形，那么该账户收益就可以水涨船高。因此，万能账户是进可攻、退可守的

“诺亚方舟”，是年金保险附加功能的核心优势。

固定利率年金保险专门抵御利率持续下行的风险。

一个人在漫长的生命周期里，有可能遇到通货膨胀的风险。如果我们将未来的利率环境判断为持续降息，甚至负利率，那么选择固定利率的年金保险，就可以有效抵御利率过低甚至为负数的风险，跑赢市场。

房产为什么不属于第四象限？

房产是经济学上公认的周期产品，既然有周期，价格就一定有高有低。2019 年 12 月《中国银行保险报》发表了文章《理性看待“以房养老”推广难》，其指出交易环境的变化使得“以房养老”难以变成现实。这是什么意思呢？就是房子现在能卖出去，不代表你的孩子读书、婚嫁或者你养老需要钱的那一天，房子也能卖出去或卖一个好的价格。因此，现金为王！资产有个变现的环境，而环境却一直在变化。

所以较为合理的资产配置方式为，鸡蛋不要放在同一个篮子里。

比如，今天你去吃饭，桌上有你喜欢吃的菜，然后你不断吃这道菜，这叫风险偏好。但是，我建议你所有的菜都要吃一点，这样营养才会均衡，这叫资产配置。这就是风险偏好与资产配置的区别。

家庭资产规划象限图中的第一象限加第四象限的总占比为什么那么高？

读到这里，大家也许会很困惑，为什么要把人生财富的一大半用来抵御风险呢？这要从经济生命开始说起。

（1）人生责任重大

我们今生获得的财富首先是用来支付“责任”的，这个占比需要占到人生总财富的大部分。这些责任包括“修复”自己身体的费用，以及延长自身生命的费用。这两项费用有可能超出我们一辈子可以获得的财富，因此我们必须借助杠杆来堵住这样的漏洞。

（2）关于人生的漏洞

我们的家庭就是一个蓄水池，一个口进水，一个口出水。如果出水量过大，那么蓄水池很快就干涸见底了。

当疾病、意外等风险到来时，出水量变大，进水量变小甚至断流，如果不借助金融工具来解决，那么家庭就会破产或发生不幸。

5. 财务自由

什么是财务自由呢？一般理解就是想买什么就买什么，但这是有层次的。至少有一点我们可以明确，财务自由的人至少不会因为某些偶然因素重新返贫。

比如，在改革开放前，城市职工享受公费医疗、分配住房、学费减免待遇。人们虽然贫穷，但并无生存之忧虑。如今，教育、医疗、房产成为人们的主要开支，只有在应对好这些问题后，才有可能实现财务自由。

因此，使用保险杠杆堵住漏洞，才能实现财务自由：

一个是用财务杠杆以小博大，以备不时之需——保障型保险。

另一个是用时间换得空间，用确定的利率实现人生财富的积累——年金型保险。

案例：一个理想家庭的财务结构与保护

一个家庭的财务收入分为主动收入和被动收入。假设一个家庭每年有 20 万元的工资收入，这就是主动收入。同时，这个家庭也有 20 万元的其他收入（如房租、银行利息、信托收益、股息红利等），这就是被动收入。一个家庭越来越好的标志之一是被动收入逐步大于主动收入，家庭收入越来越不依赖劳动所得。当然，一旦产生看病等没有预算的开支，不计成本地治疗就会使被动收入减少，如变卖家庭资产等。而失去劳动能力就会失去主动收入，如无法获得工资和营业收入等，这样就可能会从财务自由骤然变为破产。而保险起到的作用，是防止生活发生此种改变。

2019 年，中国银保监会提出的公益广告语是：爱国、爱家，从一份保障开始。意思是投出一份保险，获取一份保障，对于国家和家庭来说是如此重要。因为保险是国家、社会、家庭的稳定器，保险可以让个人很快脱离困境，社会得以稳定，让国家得以健康发展。

四、年金保险在理财类产品中的核心优势

赚到过钱和赚到了钱是两件事。

1. 年金保险的收益是怎么计算的

我们经常会发现，在年金保险的定价利率乘以本金后，在保单初始的一些年份里无法得出计划书中展示的保单收益。那么年金保险的收益率是怎么计算的呢？

年金保险的收益单计算与一般理财产品有所不同。年金保险的收益率实际上是保单价值的收益率，保险费扣除保险公司的管理成本和诸如准备金等费用后，才是现金价值。现金价值高的年金保险积累财富的优势相对于一般理财产品更明显。因此，年金保险的现金价值越高越好，而投资收益的计算在于长期，而非短期。正如卡车和轿车比的是载重量，而不是速度。

2. 年金保险的特性

（1）固定收益抵御利率下行带来的风险

一般年金保险会提供一个定价利率，这个利率报给监管机关后，在保险期间不会再发生变化。这就是年金保险的优势。

而具有万能账户的年金保险通常还会设置一个合同约定的万能账户保底利率。从 2021 年年初各保险公司的万能账户来看，保底利率大多高于现行银行业一年期存款指导利率，如果利率继续下行，那么万能账户的保底利率优势将凸显出来。

（2）通过浮动收益的设计弥补通货膨胀带来的风险

人们会担心，在漫长的周期中，万一市场利率上涨了怎么办？如果产品具备了分红或者万能账户收益的功能，那么在市场利率比较好的时候，保单的浮动收益或者二次收益也会水涨船高，从而在一定程度上减少通货膨胀可能带来的损失。

如果账户约定按照二次增值计算收益，那么从长期看，与单利产品相比，二次增值产品的优势非常明显。统计表明，二次增值 5%，持续 27 年，相当于单利 10%；持续 50 年，则相当于单利 20%。

（3）保单现金价值贷款和抵押贷款实现已交保费的流动性

人们会觉得保险资产的流动性不足。其实保单贷款早已被广泛应用，既可以贷出高比例的现金价值，又可以使用保单与金融机构贷到超过期交保险费几十倍的现金。因此基本不影响流动性，甚至有的保户利用贷款的息差获得了额外收益。

3. 保险资金的运用

（1）保险资金运用的主要原则

保险资金的属性直接决定了保险资金的运用必须注意资产的安全性、收益性和流动性原则。安全性是保险资金运用需遵守的首要原则，这是由保险的负债属性决定的，保险资金的运用必须满足负债端对资金的需求。收益性是保险资金运用的核心目的，只有获取适当的收益才能保证行业的长期健康发展。流动性是保险资金运用的基础，保持足够的流动性才能满足保险赔偿和给付的需求。

在通常情况下，投资资产的安全性、收益性和流动性是相互联系并彼此制约的。安全性和流动性高的资产其收益性可能较低，而收益性高可能需要牺牲资产的安全性和流动性。保险公司的资金运用和资产配置需要在充分考虑保险资金特征的情况下进行权衡，实现安全性、收益性和流动性的最佳结合。其中收益性是主要目的，而安全性、流动性是盈利的基础。稳健的资金运用，应该在保证资金的安全性和适度流动性的基础上努力追求资金运用的收益性。

（2）目前保险资金运用的主要形式

中国保险资金运用范围随着金融市场体系建设的不断推进和金融创新的发展而不断扩大，保险资金的运用形式也不断丰富和多样化。1995 年《中华人民共和国保险法》规定，保险资金仅可投资银行存款、政府债券、金融债券和国务院规定的其他形式。2003 年至 2004 年，中国逐步放开保险资金投资企业债券、次级债券及股票等产品。2006 年，国家允许保险资金间接投资基础设施项目、商业银行股权，修订保险机构境外投资管理办法等。2012 年中国保监会陆续推出保险资金运用十三项新政，允许保险资金用于投资基础设施债券计划、金融衍生品等，允许保险机构设立私募基金、参与资产支持计划。随着运用形式的不断拓宽，保险资金已基本实现了从传统领域到现代金融新兴领域，从境内市场到境外市场，从虚拟经济到实体经济的金融资产类型的全覆盖。目前，保险资金投资资产主要可分为流动性资产、固定收益类资产、权益类资产、不动产类资产和其他金融资产五大类资产。

① 流动性资产

流动性资产是指库存现金和可以随时用于支付的存款，以及期限短、流动性强、易于转换为确定金额现金且价值变动风险较小的资产。

② 固定收益类资产

固定收益类资产是指具有明确存续到期时间、按照预定的利率和形式偿付利息和本金等特征的资产，以及主要价值依赖上述资产价值变动的资产。固定收益类资产主要包括债券和银行存款。

③ 权益类资产

权益类资产包括上市权益类资产和未上市权益类资产。上市权益类资产是指在证券交易所或符合国家法律法规规定的金融资产交易场所公开上市交易的、代表企业股权或者剩余收益权的权属证明，以及主要价值依赖上述资产价值变动的资产。未上市权益类资产是指依法设立和注册登记，且未在交易所公开上市的企业股权或者剩余收益权，以及主要价值依赖上述资产价值变动的资产。

④ 不动产类资产

不动产类资产是指购买或投资的土地、建筑物及其他依附于土地上的定着物等，以及主要价值依赖上述资产价值变动的资产。不动产投资在各国保险业中非常普遍，优点是便于对资产项目进行管理和控制，且盈利性和安全性较好，但流动性差。

⑤ 其他金融资产

其他金融资产是指风险收益特征、流动性状况等与上述各资产类别存在明显差异，且没有归入上述大类的其他可投资资产。

（3）保险资金主要资产形式的比例限制

为防范系统性风险，中国银保监会针对保险公司配置大类资产制定保险资金运用上限比例。

投资权益类资产的账面余额，合计不高于本公司上季度末总资产的 30%，且重大股权投资的账面余额，不高于本公司上季度末净资产。账面余额不包括保险公司以自有资金投资的保险类企业股权。

投资不动产类资产的账面余额，合计不高于本公司上季度末总资产的 30%。账面余额不包括保险公司购置的自用性不动产。保险公司购置自用性不动产的账面余额，不高于本公司上季度末净资产的 50%。

投资其他金融资产的账面余额，合计不高于本公司上季度末总资产的 25%。

境外投资余额，合计不高于本公司上季度末总资产的 15%。[1]

如图 3-3 所示，截至 2019 年年末，保险公司资金运用情况为：银行存款占比 13.62%，贷款占比 15.87%，债券占比 34.56%。这三个项目是目前保险资金的主要运用方向，符合安全性、收益性、流动性的基本原则。

	资金运用余额（亿元）	较年初增长（%）	占比（%）	占比较年初变动（百分点）	收益（亿元）	收益率（%）
一、银行存款	25227.42	3.55	13.62	-1.23	986.13	3.68
二、债券	64032	13.57	34.56	0.2	2613.39	4.35
1.国债	20672.01	47.37	11.16	2.61	675.36	3.97
2.金融债	20658.19	2.19	11.15	-1.17	941.97	4.59
3.企业债	21462.84	2.15	11.58	-1.22	994.88	4.64
三、证券投资基金	9423.29	8.93	5.09	-0.19	551.49	6.08
四、买入返售金融资产	2047.28	-34.12	1.11	-0.79	52.58	2.5
五、股票	14941.94	41.37	8.06	1.62	1202.72	9.16
六、长期股权投资	19738.65	15.58	10.65	0.25	1084.28	5.51
七、投资性房地产	1894.27	5.66	1.02	-0.07	51.26	2.77
八、保险资产管理公司产品	7979.27	6.47	4.31	-0.26	299.59	3.67
九、金融衍生工具	4.61	--	0	0	29.25	1523.57
十、贷款	29397.46	13.78	15.87	0.12	1385.25	4.95
十一、拆借资金	0.68	0	0	0	0.23	3.11
十二、其他投资	10583.71	20.34	5.71	0.35	567_96	5.81

图 3-3 2019 年年末保险公司资金运用情况表

1 教材编写组. 保险资金运用实践与监管［M］. 北京：中国时代经济出版社，2016.

4. 年金保险与其他理财产品收益率曲线的异动

基于以上与一般理财产品迥异的投资原则，年金保险呈现出截然不同的收益率曲线。

如图 3-4 所示，锁定利率以后就如中间的线，因为在（1+x）^{n} 中，x 一旦设定，就永远按照这个值计算。在这样的函数图像下，不受经济危机、市场形势、银行利率的影响。需要补充说明的是，年金保险一般有初始费用，所以在走势图的一开始应该扣除这部分。

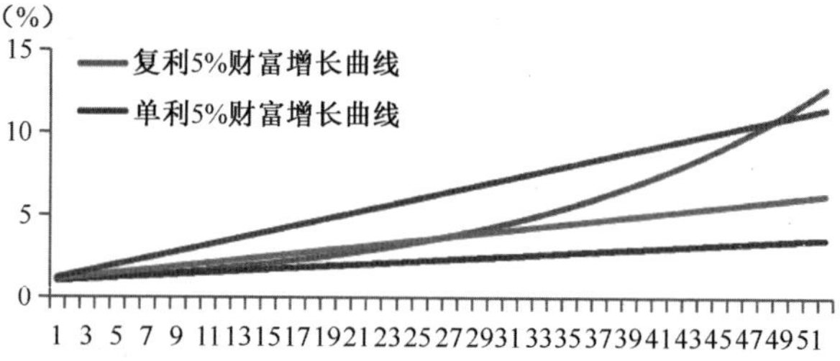

单利公式和图像（1+x）及复利公式和图像（1+x）^{n}

图 3-4　年金保险的函数图像（不含初始费用）

图 3-5 是某基金成立以来的净值变化函数图像，以便大家理解其与年金保险的本质区别。

图 3-5 某基金的函数图像（区段）

一旦确定了利率或收益，在辅以持续向前的时间，就构成了一个理想的、永远无风险、不断增值的财富模型，即巴菲特所表述的那个“坡”。

巴菲特曾说，人生就像滚雪球，最重要的是发现湿雪和长长的山坡。

“湿雪”就是确定的利率，“长长的山坡”就是时间的走廊，不是一城一地的得失，而这两个要素在年金保险的图像中都可以找到。

5. 保本型财富管理的要素

（1）安全性：本金绝对安全

这是财富管理的基础。我们需要从纷繁复杂的理财产品中做出正确的选择，还需要辨别金融机构和非法集资，这对于大家来说都是有一定难度的。我们经常听到这样的提示语：你看中的是收益，别人看中的是你的本金。因此选择用于保本升值的这部分家庭资产，本金安全非常重要，其决定全局的成败。

年金保险的主要功能是储存养老金和教育金，所以作为一个明确的目标基金，它的到期支付性决定了它必须是安全的投资，需要回避绝对风险。各国法律对保险资金的应用渠道做了各种限制，也是出于这个原因。

（2）收益性：稳健增长，不大起大落

如果你有 100 万元，有三个投资机构提供的产品可供选择：第一个产品提供 20%的年收益，第二个产品提供 10%的年收益，第三个产品提供 5%的年收益。你会选择哪一个？

答案是哪个都不选，原因是我们要先弄清楚，究竟是想要有风险收益还是无风险收益。

你可能会把大部分资金放在其中最稳定的那一个

产品中。哪个最稳定呢？你需要去了解它的投资渠道、保本机制、既往收益。在大多数情况下，人们选择的不是收益最高的那个，收益性不是第一位。人们需要一个建立在安全基础上的“中速”收益，在一定程度上抵御通货膨胀带来的损失，并获得一定的被动收入。

投资人在投资前，先要进行风险能力测评：确定大概能接受多大程度的本金损失。风控机制健全是正规金融机构区别于非正规金融机构的特征之一。

（3）流动性：可变现

资产往往都有涨跌周期，在向后的周期中不仅估值贬值，而且变现非常困难。20 世纪 90 年代有部热播剧《老房有喜》，剧中，苏家人去台湾而丢下了上海的房子，为什么呢？因为当时的房子根本无法变现。金融资产的优势，相对于不动产或者其他收藏品投资，是其有合同变现的环境，因为它就是现金资产。

是现金为王还是现金资产为王

最近 20 年，我们经历了一个明显的房产升值周期，很多人都后悔自己买房子买少了，人们容易觉得与其持币，还不如投资房子。但是，早期能买得起房子的人，本身也是持币的人，他们在用现金和杠杆去购买当时最有价值的资产。但是资产也有变现的那一天。如果现在你在一二线城市拥有了价值近千万元的房子，那么你会逐渐发现，找到买家越来越困难。因为市场上的流动性增速在下降（广义货币增速），生育高峰带来的婚房刚需在缩减，城市化带来的供求关系在悄悄发生变化。那为什么还要变现呢？因为人们要去购买未来所需的东西，如养老服务、维系生命的药品。养老机构和医疗机构是不收古董字画、房产地契的，大多只收现金。资产的最终目标是变现。

五、年金保险的投资周期

家财万贯，不能“买个太阳不下山”。家财万贯，用好工具可以换来资金源源不断。

1. 长期投资与短期投资的回报、风险有什么不同

因为流动性的需要，银行通常选择短期资产进行投资。短期资产回报未必大，但风险往往比较大。长期资产安全、稳健、收益高，但回报周期相对较长。

2. 长期资产往往伴生安全性、稳健性、收益性

在长期资产中很多是优质资产，收益相对持续稳定，但回本时间相对较长，这需要用周期长的保险资金来匹配，投资者需要有耐心。

3. 为什么年金保险要有一个“长期收益比较好”的预期

在目前的短期资产市场中，资金多，但优质资产少。不过，在长期资产市场中蕴含着大量的好资产。回顾历史，我们发现，诸如港珠澳大桥、京沪高铁、南京长江二桥等，这些都是长期稳健的高收益项目，但是短期回本难，回报周期通常在 30 年以上。

人们习惯进行 1 年左右的银行理财短期投资，但到期以后是否还会继续投资呢？很多家庭是用串联式的

短期投资来做长期投资的。

除了短期投资，大家其实也需要有一个长期投资计划，这和一连串的短期投资计划是并联的关系。

这些产品是谁在做？基本上只有保险资金在做，因为它的回报周期与其长期性相匹配。国家希望保险资金参与证券市场，但是保险公司都很谨慎。

长期稳健的资产是保险资金应该参与投资的项目，因为它将来要把钱还给客户。银行通常不会这样做，因为银行拿到的钱都是“今天”借来的、“明天”要还的。

在图 3-6 中，你更喜欢哪种方式？我想一定是最下面的这种方式，哪怕投资时间长一点。

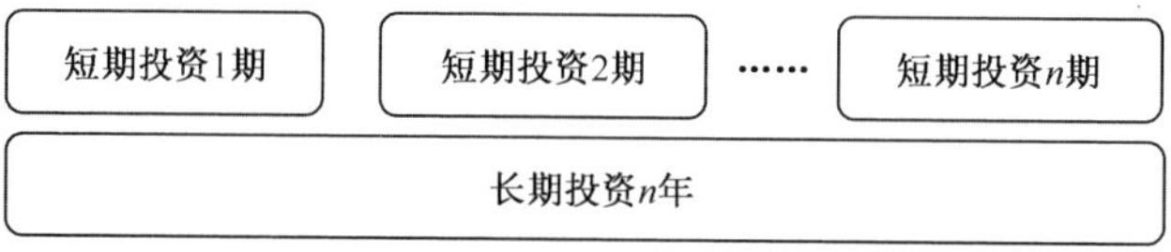

图 3-6　投资周期

出租房屋，你会选择什么样的房客

比如，你要将你家的房子出租，来了两个房客。甲房客说："签短租合同，租金我接受，甚至可以加一点儿，但我希望能让 10 个人住进来。"乙房客说："租金能否便宜点儿？签长期合同，就我一个人住。"你更倾向于租给甲还是乙呢？很多人会选择乙，或许这就是短期投资和长期投资的区别。在实际操作中，很多房东宁愿让渡每年一两个月的租金，将房子长期包租给中介公司，减少收益以获得稳定的回报，这就是为了获得长期投资的价值。

其实投资者为了安全、持续和稳定，愿意放弃一部分收益来获取安心，尤其是其家庭的核心资产和责任资产。

六、为什么高水平养老只需要一辆车的钱

子女是感情依靠，不全是经济依靠。寿比南山易，福如东海难。

1. 年金保险在养老上如何发挥作用

中国的老龄化正在加剧，关于养老的问题很多。这里讨论其中的一些核心问题，并为大家提供解决方案。

（1）“8421”型家庭结构的形成

如图 3-7 所示，我国“70 后”出生人口约 2.17 亿人，“80 后”出生人口约 2.21 亿人，“90 后”出生人口约 2.08 亿人，“00 后”出生人口约 1.63 亿人，“10 后”出生人口约 1.63 亿人，我国出生人口数呈现下降的趋势。这表明，未来对资产尤其是地产的需求将逐步下降，对劳动力的需求逐步上升，这也印证了如今劳动力

价格普遍上涨，就业难和用工荒同时存在的现象。

时间	出生人口（万人）	时间	出生人口（万人）	时间	出生人口（万人）	时间	出生人口（万人）	时间	出生人口（万人）
1970 年	2710	1980 年	1776	1990 年	2374	2000 年	1765	2010 年	1588
1971 年	2551	1981 年	2064	1991 年	2250	2001 年	1696	2011 年	1600
1972 年	2550	1982 年	2280	1992 年	2113	2002 年	1641	2012 年	1635
1973 年	2447	1983 年	2052	1993 年	2120	2003 年	1594	2013 年	1640
1974 年	2226	1984 年	2050	1994 年	2098	2004 年	1588	2014 年	1687
1975 年	2102	1985 年	2196	1995 年	2052	2005 年	1612	2015 年	1655
1976 年	1849	1986 年	2374	1996 年	2057	2006 年	1581	2016 年	1786
1977 年	1783	1987 年	2508	1997 年	2028	2007 年	1591	2017 年	1723
1978 年	1733	1988 年	2445	1998 年	1924	2008 年	1604	2018 年	1523
1979 年	1715	1989 年	2396	1999 年	1827	2009 年	1587	2019 年	1465
20 世纪 70 年代	21666	20 世纪 80 年代	22141	20 世纪 90 年代	20843	21 世纪 00 年代	16259	21 世纪 10 年代	16302

图 3-7 我国人口出生数

我国执行了多年的计划生育政策，人口的出生高峰为 20 世纪七八十年代，其间，人口的增加促使房地产需求增加。

与此同时，人的寿命在短期内明显延长，这就形成了如图 3-8 所示的“8421”型家庭结构。简单来说，一个人成年后需要照顾多位老人，从精力和财力上看是很难实现的。为了不连累家人，每个人都需要为老年时的生活做充分的准备。少子化、优生优育，导致出生人口越来越少，养老负担加重。

图 3-8 “8421”型家庭结构

养老需要提前布局

曾有一篇关于养老的新闻，一位 70 多岁的老人在医院照顾他 90 多岁的父亲。这位 70 多岁的老人已经年迈，因为疾病原因，手抖得很厉害。当他给自己的父亲喂饭时，记者问他，为什么不请个护工来照顾父亲。他说，因为自己和父亲的退休金加起来，按目前的市场价格难以请到护工。

未来什么东西最贵呢？房子？黄金？劳动力？

答案是物以稀为贵。如果你的孩子无法承担多位老人的养老责任，你就需要准备资金去购买昂贵的劳动力，为养老做准备。

因此，为了减轻自己及子女的生活压力，我们必须提前规划，防患于未然。

（2）养老金的四大来源

养老一定要在 4 个方面做准备：社保、商保、企业年金、补充养老保险。

养老金源自社保制度，其为我们提供基本的生活保障。2020 年 12 月，国务院常务会议明确指出，将商业养老保险纳入养老保障第三支柱加快建设。为什么国家鼓励购买商业养老保险呢？

我国的城乡居民社保和农村社保在 21 世纪逐步完善，但各地在标准和构成上有着显著差异。作为历史遗留问题，很多老年人没有完成社保的缴纳，但亟须领取养老金。中国的社保制度——城镇职工社保，从诞生开始，就承接着沉重的历史负担。当部分老龄化严重的省份遇到养老金危机时，其解决方案为，用国有资产进行填补等。2019 年，政府不仅明确了历史欠缴费用暂时不需要企业补交，而且开始减少企业缴纳的比例。国家已经为我们做了很多，我们也需要分担国家日益加重的保障压力。

（3）为什么政府鼓励不要完全依赖社保养老呢？

从最早的“社保为主，商保补充”，到现在的“社保商保双支柱”，再到“大力发展养老第三支柱”，养老方式发生了变化。在各类会议中，“基本养老”一词经常出现。什么是“基本”呢？就是保障居民有饭吃，可以在规定的医保范围内接受治疗。至于中长期护理、更高水平的就医，这些尚且不在满足的范围内，随着人们寿命普遍延长，这两项支出将成为主要开支。

如果老百姓能够为自己多做些准备，用自己的钱来养老，那么社会将更趋于和谐。

（4）为什么中等收入以上的人觉得用社保养老还不够呢？

这要从社保的税收属性开始说起。

1889年德国俾斯麦政府创立社会保障税，而后英国于1905年、法国于1910年、瑞典于1913年、意大利于1919年、美国于1935年先后开征社会保障税，社会保障税现已成为西方国家的主要税种之一。从各国实行的社会保障税政策来看，在税率方面，一般实行比例税率，雇主和雇员适用相同的税率，各负担全部税额的50%。个别国家雇主和雇员分别适用不同的税率。计税依据一般是雇主实际支付给雇员的工资、薪金，没有扣除额和免征额，但一般规定有课税上限，超过限额部分的工薪不征税。雇主应纳的税额由雇主自行申报纳税，雇员应纳的税额，由雇主在支付雇员薪酬时预先扣除，定期报缴。凡是在征税国就业的雇主和雇员，无论国籍和居住地，都要在该国承担社会保障纳税义务。我国社保入税工作已在逐步开展。

为什么社保不是缴纳得多，等比例获得得多呢？这和社保领取计算公式有关。

以北京市为例，养老金计算公式如下：

每月到手的养老金=月基础养老金+月个人账户养老金

月基础养老金=（全市上年度所有职工的月平均工资+本人指数化月平均缴费工资）/2×缴费年限×1%

个人账户养老金=个人账户的余额/计发月数

为什么当地的月平均工资会作为一个关键变量呢？

我们举个例子便于大家理解：月收入 2 万元的程序员与月收入 2000 元的保安缴纳社保，退休以后他们之间的收入不会也不允许相差 10 倍。因此处于社会平均收入以上的人，更能够感觉到退休以后收入的减少，专业术语叫“养老金替代率”，即劳动者退休时的养老金领取水平与退休前工资收入水平之间的比率。如果希望获得更多的养老金，就需要参加企业和个人年金计划。

所以如果需要提高自己的养老保障水平，要做的不是增加社保缴费，而是增加商业养老保险作为补充，这是属于自己的专属账户。

（5）社保是“公交车”，商保是“私家车”，要想生活水平不下降，两个都需要

补充养老保险如同你家周围已有地铁站或者公交站，但是你还是斥资买了一辆私家车，因为你想获得更好的生活品质或者应对不时之需。

（6）养老的核心是减轻家人的压力

根据 2018 年的数据，我国约有 4200 万名失能、失智老人，这个数字以每年约 1000 万人的速率增加。

为什么老人走丢的比例远远高于孩子走丢的比例呢？原因是孩子一般都有人看护，而老人通常没有，大多数情况是劳动力的价格太高，普通家庭请不起护工。如今，人们普遍长寿，阿尔茨海默病可能会成为通病，每 5 个 80 岁以上的老人中就可能有 1 人患有此病。所以我们要为养老做好准备，为家庭幸福安装“安全网”。

买了养老保险，子女也成为你的受益人。

2. 如何用一辆车的钱换来美好、确定的人生

这里有两个关于教育金和养老金的故事。

财富故事一：“不负如来，不负卿”

小光和小明的爸爸都是船老板，以前生意兴隆。小光爸爸买了辆豪华轿车，接送孩子，自感非常体面。小明爸爸觉得生意总有起伏，需要未雨绸缪，在代理人的介绍下，投保了一份教育金保险，买了一辆普通轿车。

20 年弹指一挥间，小光和小明都计划出国留学，可是此时的船运生意早已门可罗雀。小光爸爸除了那辆报废的豪华车，根本拿不出现金供孩子出国，小明爸爸却出人意料地拿出了一大笔现金。小明爸爸表示，这些年来，即便在生意最差的时候，他也没想过动用小明的教育金。他通过保单贷款应急周转，没影响自己做生意，同时也把生意兴隆时赚到的钱给留下来了。

财富故事二："繁华散尽，冷暖自知"

小王是一个企业的白领，工资很高，他很羡慕公务员，觉得公务员养老金高。后来，有人建议他投一份养老保险年金。他投了该保险，一年交 3 万元，10 年交了 30 万元，到他退休的时候，总收益按照计划书中规划的收益率和时间，可能会有 60 万～80 万元，他可以一次性领取，也可以每年领取一定金额，直到终身。小王利用这笔钱在时间和利率杠杆的作用下，解决了养老金储备问题。

每次在我展示年金计划书时，很多客户对 30 万元可以在人生周期内变成 1000 万元这件事感到非常惊讶。其实这源于年金保险构成的巴菲特的"坡"的函数图像，只不过我们平时一直很难找到一个永远加速前进的理财工具，年金保险正好扮演了这样的角色。

一个投保了年金保险的人，在人生周期里可以在一定程度上解决以下问题：

（1）子女教育

今天很有钱，不代表未来要用钱的时候依旧很有钱。因此，通过保险的储蓄功能，我们可以准备被保险人的教育金。如果未来我们的现金流充裕，通过其他方式支付教育金，就最好不过了。这笔钱完全可以用于支付投保人自己的养老金。

（2）自身养老

养老不能完全依赖子女，养老需要提高水平，这需要我们自己来解决。也就是所谓的“我养你小，不需要你养我老”。

（3）子女养老

如果自己的养老金比较充裕，则这笔钱可以用于支付子女的养老金，让子女享受由时间的变化带来的福利。

（4）家族传承

最后，如果在前三种情况下都没有把这笔钱用完，就剩下了一笔不菲的“传承金”，实现“富传三代”。

七、人生未必要赢，但一定不能输

年金保险是我们为不确定的命运而准备的“中上签”。

让我们来总结一下年金保险在家庭理财目标中的6个小应用。

1. 实现高水平养老

我国养老金双轨制曾长期存在，即不同人员采用不同的退休养老金制度。

年金保险是确定利率后匀速或加速发展的产品，结合公式就可以算出多久能翻一番。按照目前的定价利率或万能账户收益，预计15～20年后能翻一番。

属于自己的高福利水平的养老金就是一个价值百

万元的目标基金。我们应为 40 多岁的人准备 50 万元左右；为 20 多岁的人准备 25 万元左右；为小孩子准备 10 万元左右。

家长在准备孩子的教育金的同时，应顺便给自己和孩子准备一份高水平的养老金。

2. 短期投资与长期投资

金融机构需要把客户的钱借出去，获得收益。

借款人分为短期借款人和长期借款人，短期借款人的产品通常是我们熟悉的银行理财产品。过去，银行将风险屏蔽了，现在，资管新规打破了刚性兑付。

银行出于流动性方面的考虑，一般会借钱给短期借款人。长期借款人虽然收益有保障且稳定，但回本时间长。因此这类优质的长期标的，需要通过与长期负债相匹配的年金保险获得。

老百姓更愿意把房子长租而非短租，为了长租，甚至愿意让渡每年两个月的房租把房子租给包租商。借钱如租房，就是这个道理。

高风险不代表高收益，但高收益几乎都伴随高风险。选择年金保险是支付人生的“责任”，更是在长期投资中回避风险。我们在为子女准备教育金的同时，也要为自己准备养老金。

一个家庭既需要用短期投资防范风险，又需要用长期投资确保几代人稳赚不赔。

3. 家庭财富管理要锁定利率

所谓利率就是资金的价格，经济下行会导致作为生产资料的资金需求下降，进而导致利率下降，投资收益下降。

当前保险公司的定价利率或万能账户收益大多已明显高于现行的银行理财产品或储蓄收益。

随着未来降息通道的打开和负利率时代的到来，年金及附属账户保底正收益的优势将进一步凸显。如果利率为 0 或为负值，那么其随时追加、灵活领取的功能就成为已得收入和未得收入在一定程度上免于贬值之灾的“诺亚方舟”。

4. 在不同的阶段，选择不同的工具：创富与守富

在经济的上半场，要想创富必须冒险，不冒险的人容易平庸。

但当经济进入下半场时，守富就很关键了，这时需要尽量回避风险。

如同玩游戏，如果前半局赢了，那么后半局不一定继续赢。现实中最麻烦的是，前半局赢了，但没有见好就收，后半局有太多不确定性。

管理财富，如同选择司机，最快的和最慢的都不是最好的，一定要选择驾驶十万千米无事故的司机。

5. 投资不能忘“本”

图 3-2 中第四个象限中有“保本升值”这项，保的是教育金、婚嫁金、养老金。

教育金和婚嫁金是回避因投资失败而损失财富的风险和因家道中落而失去收入的风险，保证在有需要的时候能负担教育、婚嫁两笔巨大开支。

我们可以用养老金回避因长寿带来的风险：长寿叠加“8421”型家庭结构，导致子女无法承担三代老人的护理成本，老人实际上也不愿意给予子女过大的养老压力。

因此，如果不想“连累”自己的子女，就要准备足够的养老金，用来购买照护服务，这个成本是可想而知的，且通常与寿命有关。

人的一辈子能用来赚钱的时间有限，需要借助金融工具保障自身的利益，这个工具就是年金保险，其锁定利率后不断增长的特性使其成为不是增值最快却是最稳健的一种资产，是与生命等长的现金流。

6. 财富的未来是自由

每个年代都有贵的东西，20 世纪 90 年代家电很贵；如今，大概房产最贵。那么再过 20 年呢？我们并不清楚，不过，财富的未来是自由。

未来什么最贵？按照目前的生育率来看，生育率下降，寿命不断延长，老龄化日益严重。那么可以预见，未来最贵的很可能是人工成本了。我们可以借助年金保险把钱带到未来，用来购买昂贵的人工服务。

为什么保险公司愿意承担年金保险的利率风险？其实保险公司就是收“风险”这种特殊“垃圾”的机构，如生病的风险、航班延误的风险、手术的风险、老无所依的风险、投资收益下降导致资产不保值的风险。

当把风险交给保险公司时，我们就有更大的可能接近财务自由。

如果永远追求高收益，那么等待你的将是一次滑铁卢（拿破仑打了无数场胜仗，但因一次败仗就难以重来）。中档的合理收益如果能持续，则可以让财富不断增值。其实，每个家庭都需要这样一根人生“上上签”。

八、年金保险可以进行债务隔离吗

保险产品有投保人、被保险人、受益人三个主体。三个主体的设计在财富的安全有效传承方面，发挥了其他金融产品无法发挥的作用。

1. 年金保险可以进行债务隔离吗

这个话题一直是热点。有很多职业律师表达了自己的观点，但法律是严谨的，各地的执法尺度也有所不同。在管理实践中，我遇到了几个同样涉及债务的案例，但处理结果相差很大。原因是什么呢？

从目前的法律法规来看，一是最高人民法院的司法解释表达了保险是可以被“执行”的；二是保险合同主体相对复杂，投保人可以对合同主体进行变更，但是需要视保单投保人架构设置和具体情况而定，前提是财产的获得不能违反法律。

2.“一个合同多个主体”决定了保险在资产保全和指定传承中的价值

（1）保险在资产保全中的作用

最近，上海为抑制楼市过热，把离婚后可以购买房产的权益延长到必须离婚满 3 年。可以看出，婚姻已是自然人之间财产分割和重组的关键形式之一。

婚姻中的财产分配是人们在现代婚姻中必须面对的问题，尤其在离婚率高企的环境下。

举个例子：老王的儿子要结婚，老王决定对儿子进行赠予，这件事很平常。那么赠予什么呢？一般中国城市家庭会选择赠予房产。但如果夫妻离婚，这套房子是算自家孩子的单方财产还是夫妻共同财产呢？这就涉及婚前财产公证，而这对大多数中国人来说是很难的。

不过，可以让父母作为投保人，让孩子作为被保人。因为保单的实际控制者是投保人，一旦出现婚变，财产的归属权仍属于投保人。这样可以避免由分割财产产生的重大损失，毕竟这些钱可能是父母毕生的积蓄。

如果出现另一种风险，即子女不孝的风险，父母作为投保人，可以通过退保或领取等方式来选择收回保单利益。但保险合同主体相对复杂，投保人可以进行变更，需要视保单投保人架构设置和具体情况而定，前提是财产的获得不能违反法律。

（2）保险在指定传承中的独特作用

每个人都有自己要照顾的人，一旦自己离世，自己的财产会按照法定继承顺序来分配，未必能分配给自己真正想要给的那个人。当然，我们会想到立遗嘱。目前，中国立遗嘱的人非常少，通过立遗嘱实现法律效力的比例就更少了。保险的指定受益人功能可以弥补法定传承的不足，实现指定传承。

在通过遗嘱来实现指定继承时，容易引发矛盾。

指定受益人功能在指定传承中有法律的严肃性，更有特有的隐秘性。如果加上保险金信托，则更有可能实现生后尽责、避免挥霍、富过三代，让家产很好地得到传承。

九、关于年金保险的疑问

在整个生命周期中，最大的财富风险或许是利率的风险。如果能保住相对高的利率，就可以回避风险，让资产保值。

最早买年金保险的人获得收益了吗？我们以 20 世纪的保单为例，看看年金保险的第一批受益者。

1995 年版少儿终身平安保险如下。

保费：

这里介绍一张 20 世纪 90 年代的老保单，被保险人是 0 岁男生。合同约定每年缴费 360 元，分 15 年缴清，总共缴费 5400 元。

保险责任：

被保险人在 15 岁时可领取 1600 元满期生存金。

在 15、16、17 岁时每年可领取 650 元高中教育金。

在 18、19、20、21 岁时每年可领取 650 元大学教育金。

在 22 岁时可领取 3000 元婚嫁金。

合计可领取 9150 元。

被保险人从 60 岁开始，每月可以从保险公司领取 750 元，直至终身。如果其活到 81 岁，可以领到 189000 元。

计算方法：

一共缴费 5400 元，共计领取 198150 元，这是如何通过保险精算得出的呢？

这依靠的是最早购买年金保险的人获得的利益。他们无意间锁定了 20 世纪 90 年代最宝贵的东西之一——定价利率——资金的价格。

第一，认识锁定定价利率的价值。

银行每次降息针对新老客户一起降，而寿险公司只针对新客户降息。

第二，认识长期封闭投资的价值。

长期封闭投资可以让我们获得持续稳定的高收益。这就如同放长线，钓大鱼。

想投保年金保险的客户经常有以下 7 个担心。

1. 回本慢，周期长，不灵活，不如短期投资

保险资金主要用于投资长期、收益稳定的资产，如京沪高铁项目等。这类项目稳定、收益高，但项目周期比较长，与银行等金融机构的短期投资风险项目不同。

家庭资产既需要进行短期投资，又需要拿出一部分钱进行长期投资，以准备未来的教育金和养老金。

年金保险就是长期投资，如果短期需要拆借流动，那么可以通过保单贷款和万能账户来解决。

2. 收益不如其他项目高

年金保险的收益分为固定返还和浮动收益（注：具

体要看条款是否有此功能），再通过万能账户二次增值（注：具体要看条款是否有此功能）。从长期来看，我们既可以获得持续稳健的预期收益，又可以获得高于目前短期理财的常见年化回报。

3. 没有钱投年金保险

在满足基本生活需求和保障日常生活的基础上，我们需要进行适当的投资。其实，投资不在多少，关键是要投在刀刃上。刀刃是什么呢？就是这辈子必须支付的“责任”。

4. 认为有了社保就够了

今天中国已经基本实现了全民社保。其实社保就如地铁、公交车，大家都会乘坐，但是如果希望出行更加便捷，人们就会购买私家车。对于收入高于社会平均工资的公民来说，仅用社保养老，可能导致退休后生活水平大幅下降。

5. 认为未来不值钱

未来既有通胀风险也有通缩风险，而且可能渐次、按周期出现。

如果出现大幅度的货币贬值，则可以通过万能账户增值（或分红）来解决一部分问题。如果出现通缩风险，你的钱就更值钱了。

人民币已加入国际货币基金组织特别提款权货币篮子，成为世界五大储备货币（美元、日元、欧元、英镑、人民币）之一，需要保持稳定，所以波动不会太大。

6. 没有疾病保障，生病不能赔付

专业的年金保险，重点解决教育金和养老金问题。如果需要疾病保障，则可以搭配保障型产品，与之组成一个完整的保障计划。

7. 认为可以用房子或其他投资养老

政府建议使用年金保险作为养老的主要工具是有其道理的。

以房养老存在的问题是，房子未来不一定能保值。日本人口达到高峰后，房子就不那么值钱了，而且还很难交易。其他理财产品，如股票、基金，除了风险大、不能保证保本，也不能确定到我们需要养老时，到底是否值钱。但年金保险因为拥有固定的假定利率，可以保证涨幅；其收益未必最高，但十分稳定，能更好地与我们的养老责任和需求相匹配。

第四章

新寿险的保费构成

一、从传统角度理解保费

人寿保险费分为两部分，纯保险费和附加保险费。

1. 人寿保险费的组成

人寿保险费由两部分构成，一部分刚好足以抵付保险金的支出，称为纯保险费；另一部分用来支付保险人的各种业务费用，称为附加保险费。纯保险费与附加保险费合起来就是营业保险费。营业保险费是保险人向被保险人实际收取的保费。

纯保险费可以分为危险保险费和储蓄保险费，危险保险费是保险人用来抵付死亡责任部分的保费；储蓄保险费就是保险人用来支付生存责任部分的保费。

附加保险费可以分为新契约费用、维持费用及收费费用，新契约费用是保险公司招揽新契约，在第一年度所必需的一切费用；维持费用是契约第一年开始生效至契约终止为止，整个保险期间内所发生的费用；收费费用包括收费员的薪金、收费事务的费用或对与公司订有合约代收保费的团体所支付的费用。

而在实际厘定保险费率时，通常使用的是均衡保费，与之相对应的是自然保费。

2. 自然保费

依据各年龄的预定死亡率计算出来的一年定期寿险的趸缴纯保险费叫作该年龄的自然保费。自然保费是一种原始的保费缴纳方式，保费随着年龄的增加而提高，但年龄高时，人们可能由于退休等原因，收入减少，却需要缴较高的保费，这是自然保费的缺点。

3. 均衡保费

自然保费有许多不足之处，因而在现代寿险中大部分采用均衡保费。均衡保费的性质是使趸缴保费在缴费期间内平准化。这样，在投保人年轻的时候，投保人所缴纳的保费将大于保险人所承担的责任；当投保人年老时，其所缴纳的保费将小于保险人所承担的责任，其中的差额将用投保人年轻时多缴纳的那部分保费来弥补。均衡保费的出现，催生了现金价值、责任准备金等新概念及新的保险条款，也使投保人获得了更多的保障，促进了寿险业务的快速发展。

4. 责任准备金及其作用

如果每份人身保险合同都按照订签合同当年的自然保费分年收取，则当年的保险费恰好用来支付各种保险金给付，也就是纯保险费收入用于支出，并无结余，这样就无须提存责任准备金。事实上，保险公司收取的保险费大多不是自然保费，而是经过年度分配的均衡保费，均衡保费在早期高于自然保费。我们不能把这种差额视为当年盈余，而应将其视为保险公司对保户的负债，应将多收部分提存出来用于弥补晚期少收的保险费。

均衡保费的出现使寿险业的发展进入一个新的时期，同时也对寿险管理提出了更高的要求。为了保证寿险公司稳定经营及保障被保险人的利益，必须提取足够的责任准备金以应对将来给付的需要。各国政府的保险监督管理部门经常对保险公司的准备金提存及资金运用的安全性进行监督，以保证投保人的利益不受损害。

因此从责任准备金的管理角度看，保费除了具备保障功能还具备了一定的储蓄功能。我们对新寿险（保费支出）在家庭财富管理中的位置和其必要性进行分析，方便大家理解保费的意义和作用。

二、寿险保险费预算未必越低越好

财险的保险费越低越好，寿险的保险费预算多一些可能更好。

很多人都认为保险费总预算越少越好，其实是因为他们不明白寿险保险费的计算方法及保险费所承载的功能。以下是需要注意的要点。

两个方向：进攻与防守。

两件大事：责任与欲望。

两个对比：寿险与车险。

两个杠杆：利息与保险费。

1. 进攻与防守

保险费就是用来防守的预算。

在足球队的 11 个人中，守门员的作用是什么？

在家庭财富中，一部分财富不承担收益功能，只承担防守功能。如同一个国家一定有军队和军费预算一样，能否在关键时刻创造价值，往往关乎命运。

一个足球队有 11 名场上球员，其中有一个位置永远要有人防守，这个人就是守门员。他虽然不参与进攻，但每次碰球都很关键。如果一场比赛下来，守门员告诉教练，自己没有扑球的机会，教练一定很开心。但如果守门员告诉教练，自己太累了，一直在扑球，教练会非常紧张。

保险费就是一个家庭投在“守门员”身上的预算，必须要有，具体金额因人而异。

汽车上最关键的零部件是哪个？

如果把家庭财富比作一辆汽车，哪个零部件才是最重要的呢？比如去 4S 店买车，我们大多会询问发动机、变速箱、刹车系统的情况。在 2018 年 3 月，一位车主驾车在连霍高速上行驶，遭遇了刹车失灵的事件，高速路为其打开闸道，此事一出，轰动全国，引起车商的高度重视。原因很简单，因为车主投诉的是刹不住车，关乎生命。在行驶中，真正决定生死的不是发动机这个“心脏”，而是刹车系统。但是刹车片在整个车辆的零部件中其实很便宜，只是时常需要换新而已。

保险费就是一个家庭花在“刹车系统”上的费用。

2. 责任与欲望

保险费是用来承担人生的责任的。每个人都有责任，但没有人能保证永远都有能力可以承担责任。

我们的收入大致有两个用途：一是用来承担人生的责任，二是用来满足人生的欲望。什么是责任？什么是欲望？

如图 4-1 所示，责任包括生活水平、偿还贷款、医疗准备、子女教育、退休规划。有些责任远比想象中的风险敞口大，比如我们至今不清楚“修复”一个受伤劳动者的成本是否大于其一生所能创造的财富之和。

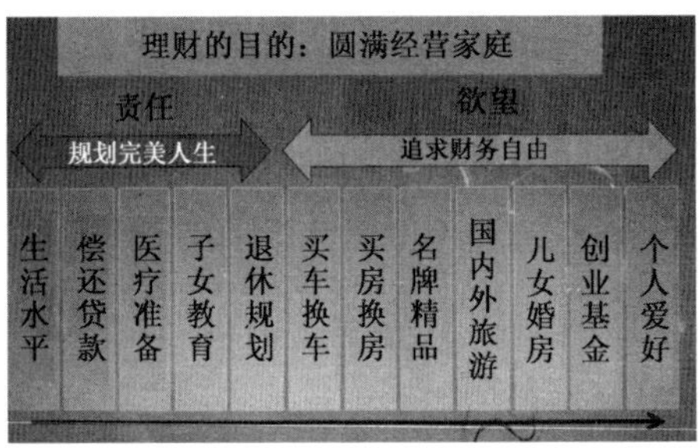

图 4-1　人生的责任与欲望

欲望包括买车换车、买房换房、创业基金、个人爱好等。

责任很简单，比如要供孩子读书，这是责任，这个责任是没有弹性的。无论你有没有钱，学校的学费都是一样的。再如去医院看病，无论你有没有钱，医院的医药费都是一样的，医药费不会因病人穷或富而改变。

那欲望是什么呢？比如，一个人去国外旅游，去美国与去泰国相比，虽然预算相差很多，但都能获得满足。所以大家会发现，欲望是有弹性的。

一些家庭在挣到钱后，首先不是准备承担责任，而是满足欲望，满足欲望后发现已经没办法承担责任了。今天，一个家庭到底需要提取多少责任准备金，每个人都应该认真思考，因为责任有的时候是“无底洞”，最好的解决办法就是将其变成“有底洞”。

在现实中，责任比欲望更为重要。所以在获得财富后不能立即满足欲望，而是先要承担责任，使用保险费承担责任性价比很高，也很科学。

3. 寿险与车险

寿险其实远比车险便宜，保险费没有被完全消费，最终还属于自己。

我们习惯了给汽车买保险，却在给人买保险时感到犹豫。原因是什么呢？究竟是车险贵还是寿险贵呢？我们简单来看一下车险与寿险的几个区别：

如果没有事故，即便一年不开车，都不会返还车险保险费，更没有现金价值累积。也就是说，和大多数保险产品一样，车险不具备任何理财储蓄功能。

车险是为别人买的。也就是说，在无责事故中，你自己得到的赔付，通常是另一个车主的保险公司赔给你的。

那么，是不是车险保险费应该更贵呢？

有人会说是，因为开车更容易出事。

但其实，医院总是比汽车修理厂拥挤，医院总是床位紧缺。由此可知，人更容易生病，出院后往往需要一段时间才能恢复，但也有很多人无法彻底痊愈，甚至失去劳动能力。

寿险其实比车险便宜，人更脆弱、更容易被伤害。但是，我们往往忽略了给人买保险。今天，很多高档宠物医院的设备非常先进，还为宠物买了宠物保险，很多农场也为猪、塘里的螃蟹买了保险。

人是万物之灵，人是财富的创造者，人更需要买保险，更何况寿险很便宜。

寿险是为自己和家人买的，其兼具储蓄与理财功能，你投入的保险费还是你的。如果老无所依，需要依靠保单的现金价值或者生存金来养老，那么你一定会感谢曾经那个多交了保险费的自己。

4. 利息与保险费

贷款的利息和保险的保险费其实都是必需品。每种金融工具被发明出来的初衷都是为了解决实际问题。

下雨天到底该向谁去“借伞”？这个问题很有意思。很多人买保险后觉得保险很不划算，究竟是出险划算还是不出险划算呢？

其实在生命周期中，我们都会遇到两个杠杆：贷款和保险。

先说贷款：

比如，我们要买一套房子，需要向银行借钱。假如向银行借 100 万元，分 30 年还清，按现行的房屋贷款利率本息合计 200 多万元，其中 100 多万元是利息。为什么要多还 100 万元？因为在你需要钱的时候，银行借给了你 100 万元。

再说保险：

假如你生病了，需要做一台昂贵的手术，你要到银行去借钱，银行会有手术贷款这个产品吗？显然没有。

那么，我们到底需要什么样的财务杠杆呢？

大家经常会在经济节目中听到“杠杆”这个词，经济层面上的杠杆究竟是什么意思呢？杠杆就是用最少的钱去覆盖最大的开支。人的杠杆在哪里？这个杠杆就是我们说的寿险，用杠杆堵住财务漏洞，一个家庭就能实现财务自由。

我们换一种说法，杠杆是一个问题的 A 面和 B 面，举多高的杠杆就需要用多少准备金平衡它，所以保险可以对冲贷款给家庭带来的财务风险。比如，一个人去世了或暂时失去劳动能力了，但是他欠的贷款，可以由保险公司来还，从而避免家庭陷入财务危机。

其实在使用保险这个金融杠杆时，我们并没有支付利息，而是让渡了各期保险费可能带来的利息。因为随着市场环境的变化，利息可能变为零甚至变为负。从这个角度看，买保险等于没有花钱。如果利率为负，则可视之为投保了保费全部返还的保险，还赚了钱。

三、选择风险自留：不买保险也可以解决风险问题的困惑

每种金融工具都是用来解决特定问题的，用对了，事半功倍；用错了，就是错配，事倍功半。

我认识一个销售冠军，她每次接到转介绍客户的电话，就知道这个准客户应该已经向不止一家保险公司的

代理人咨询过保险计划了，其他保险公司一定会说自己公司的产品是最好的。这个销售冠军是这样对客户说的："其实有的人是可以不买保险的，我们见面做个测试看看。"她说的即风险转移或风险自留。

不买保险的人，可以选择风险自留。但实际上，只有少数人有风险自留的能力，而风险自留的成本很多人难以承受。最后，越有钱的人，越想把风险转移；越贫困的人，越愿意冒险进行风险自留。

1. 什么是风险转移

很多人都买了保险，只是有的人自己买保险，一旦出险，"一病回到解放前"。还有的人从保险公司那里买保险，一旦生病（或其他出险），拿到赔款，可能还赚了钱，这就是风险转移。

如果担心交警罚款，车主就会把车停到收费停车场，这个转移需要付出成本。但与交罚款相比，停车费通常低得多。

2. 风险自留为什么不划算

如果你计划从上海去南京，可以坐高铁，需一小时，二等座票价 140 元；也可以坐飞机，飞行时间约半小时，但算上从机场到市区的通行距离，大概需要四小时，票价是 400 多元。你会选哪个？

这涉及风险转移与风险自留。你会发现，再有钱的人，也不希望多花钱，更何况冤枉钱。

3. 买保险更容易变穷还是不买保险更容易变穷

《贫穷的本质：我们为什么摆脱不了贫穷》记载，在非洲，一些家庭不愿意花 12 美分打预防针，却愿意倾家荡产去接受治疗。可以看到，很多家庭返贫可能是因病返贫。所以买保险不会使人变穷，更多的人反而因没有买保险而变穷。

第五章

保险代理人工作在新时代的魅力

一、重新定义好工作的标准

每份工作既有优点，又有缺点。对你来说，优点多于缺点的工作就是好工作。

1. 什么样的工作是好工作？以你的需求为导向，优点多于缺点

我的职业生涯中有13年在各线城市开设网点或在管理一线营业单位，我面试过数万人，每个人的需求差别其实很大。

一位女士说：“我找工作就是为了能兼顾孩子，请问，我在你们公司工作，下午3点可以去学校接孩子放学吗？”当然可以，而且每天都可以。

一位男士说：“我找工作希望月薪2万元，因为我原来的工作月薪5000元，我买不起这个城市的房子。”

当然可以，但需要每天完成相应的工作。

每份职业都有优缺点，找工作（创业）要先端正自己的态度，有你喜欢的方面就可以，优点多于缺点就可以，不能苛求完美。

创业故事：马云和蔡崇信

早在 1996 年，在阿里巴巴团队还是“十八罗汉”时，蔡崇信代表投资公司调研要不要投资马云，当时阿里巴巴只是个运行了几个月的网站。

若以现在的市场标准来看，当时阿里巴巴恐怕只能用“一片荒芜”来形容。当时蔡崇信在投资公司的年薪很高，他在和马云聊了之后，突然说：“你要想成立公司，我懂财务和法律，我可以加入公司帮你。”

一晃到了 2016 年，作为耶鲁大学的毕业生，蔡崇信在耶鲁商学院的访谈中谈到当初为什么加入马云的创业团队时这样说：“我去冒险，风险和收益是不对等的，下行风险很小，上行收益可能很大。”

说到底，如果蔡崇信去阿里巴巴工作，若阿里巴巴经营不善，他还可以回头去做税务律师；若阿里巴巴成功，回报率就会远远超出原有水平。

其实在很多时候，我们不正是在舒适区等待吗？如果有一份值得挑战的工作，而且放弃原工作后再找到一个跟原工作一样的工作不难，我们就可以进行挑战。因为这种选择几乎无成本，但收益非常值得期待。比如，我是个文员，对月薪 5000 元、朝九晚五的工作不满意。这时有一个新的工作机会，在做出决定前，我会问自己，如果挑战失败了，还能找到跟原来的工作相仿的工作吗？如果可以，不妨一试，这样才不会后悔。

2. 择业观的变化

随着经济的发展，年轻人的择业观也在悄然发生变化。20 世纪 80 年代，中国好工作的前三甲有驾驶员这个职业。但如今，人们更注重工作的性价比。保险代理人这份工作虽然不是每个人都能干好的，却极具性价比，其吸引了越来越多高学历的人才加盟。保险代理人的优势如下：

工作 1 个小时就可以获得别人工作 8 个小时的收入，照顾家庭和施展爱好的时间会更多。工作 8 个小时就可以获得比“996”（注：早上 9 点上班，晚上 9 点下班，每周上 6 天班）工作高几倍的收入，你赢得的是机会和效率，这可以让一个勤奋的普通人致富。

二、保险代理人不只是卖保险

财富管理分为进攻和防守，保险是金融工具箱里用来防守的。

1. 保险这份工作的本质是什么，从哪里来，又要到哪里去

中国的代理人制度起源于 1992 年。在改革开放之后，社保制度逐步建立，更科学的社会保险制度逐步完

善。由此，现代保险业和寿险代理人应运而生。

20 世纪 90 年代，在“下岗潮”的冲击下，一部分转岗职工和失地农民成为中国第一批保险代理人。但从专业素质等方面来看，他们实际上并不完全具备销售保险所需要的知识储备。在发展初期，因销售方式不佳、理赔纠纷等，人们对保险业存在偏见。

但实际上，职业不分高低贵贱，我们要综合考虑个人收入、社会贡献、发展前途、法律规范等，树立正确的择业观。进入 21 世纪，保险业成为“香饽饽”，其因成本低、风险低、收益高等优势，正在吸引越来越多人才的加盟。中国的保险代理人越来越正规，能真正为客户提供完整的风险管理服务，保险业、银行业、证券业则共同提供完整的财富管理服务。

2. 财富管理与风险管理都是好工作

进行财富管理能够帮助一个家庭实现什么目标？即保证主动收入，创造被动收入。

举个例子：某市就业人员年平均工资为 10 万元，那么一个双职工家庭一年就有 20 万元的劳动收入，我们称之为主动收入。另外，如果这个家庭还有一些资产积累，可能每年还有 20 万元的被动收入（房租、利息、股息等）。当然一个家庭被动收入越高就越接近财务自由，这就涉及财富管理。

但是，一旦出现风险，被动收入会因为资产的变卖而减少，主动收入也会因为失去劳动能力而很快减少。那么怎样预防“溃坝”风险呢？这就是风险管理要解决的问题，即保险规划要解决的问题。

三、为什么保险业给外界的印象是淘汰率高

收入高于社会平均工资的行业，淘汰率较高。一般行业是用学历和智力淘汰人的，但保险业一般用“习惯”来淘汰人，这就为普通人改变自身命运带来了机会。

1. 其实淘汰一个人的不是某个职业，而是社会平均工资

人们的压力不完全源于一个公司或一份工作，而是往往源于社会发展程度和自己的需求。假设某市的社会平均工资是每月 5000 元，那么有些人的收入一定低于这个社会平均工资。如果你的能力接近社会平均水平，那么你的收入就应该是接近社会平均工资的。但是，你不甘心，你希望自己的收入高于社会平均工资 2～4 倍。那么问题来了，你该选择什么样的行业？

如果你的孩子要考一个好学校，但分数不高，你应该像鼓励他一样鼓励自己去挑战可能带来高收入的工作。学习的目的之一就是找到好的工作。

2. 选择大于努力

行业选择对收入的分配起决定作用，行业选择蕴含了按劳分配的意义，这里的“劳”不再指劳动强度和劳动时间，而是指劳动的复杂程度、劳动者文化素质水平、劳动者勤奋程度。

国家统计局和社会招聘平台每年都会公布城镇各

行业平均收入情况。很多人不是不努力，只是进错行而已。通过图 5-1，我们可以得出两个结论：一是平均收入高的行业与平均收入低的行业差距悬殊；二是金融业和 IT 行业薪酬很高。如今，人们都怕选错行业。有时候一开始选对了，干着干着却错了，因为很多行业的生命周期（从朝阳产业到夕阳产业）不足 10 年。因此，在近 40 年职业生涯中选择一个长周期行业才是明智的。

2020年春季求职期行业平均薪酬排行榜					
排名	行业	平均薪酬（元）	排名	行业	平均薪酬（元）
1	基金/证券/期货/投资	12286	27	仪器仪表及工业自动化	8325
2	信托/担保/拍卖/典当	11540	28	汽车/摩托车	8182
3	网络游戏	10940	29	教育/培训/院校	8177
4	跨领域经营	10557	30	耐用消费品（服饰/纺织/皮革/家具/家电）	8171
5	银行	10202	31	家居/室内设计/装饰装潢	8144
6	专业服务/咨询（财会/法律/人力资源等）	10183	32	环保	8106
7	保险	10111	33	媒体/出版/影视/文化传播	8088
8	中介服务	10102	34	广告/会展/公关	8078
9	计算机软件	10072	35	旅游/度假	8069
10	学术/科研	10020	36	交通/运输	8065
11	互联网/电子商务	9905	37	外包服务	7872
12	航空/航天研究与制造	9811	38	礼品/玩具/工艺美术/收藏品/奢侈品	7935
13	IT服务（系统/数据/维护）	9751	39	农/林/牧/渔	7880
14	通信/电信运营、增值服务	9601	40	贸易/进出口	7842
15	房地产/建筑/建材/工程	9592	41	娱乐/体育/休闲	7936
16	电子技术/半导体/集成电路	9322	42	快速消费品（食品/饮料/烟酒/日化）	7667
17	能源/矿产/采掘/冶炼	9322	43	大型设备/机电设备/重工业	7659
18	租赁服务	9308	44	物流/仓储	7541
19	计算机硬件	9181	45	检验/检测/认证	7447
20	政府/公共事业/非盈利机构	8995	46	酒店/餐饮	7311
21	通信/电信/网络设备	8936	47	加工制造（原料加工/模具）	7261
22	医疗/护理/美容/保健/卫生服务	8820	48	物业管理/商业中心	7202
23	电气/电力/水利	8819	49	零售/批发	7180
24	医药/生物工程	8793	50	印刷/包装/造纸	7091
25	石油/石化/化工	8451	51	办公用品及设备	6912
26	医疗设备/器械	8387			

图 5-1　2020 年春季求职期行业平均薪酬排行榜

如图 5-1 所示，我们可以清楚地看到保险业排在前 20%。

3. 为什么人们的印象是保险业淘汰率高

IT 行业是个技术积累型行业，其薪资远高于社会平均薪资，但淘汰率很高，而且在入口处就会淘汰很多人，学历低、经验少和专业背景不足的人根本进不去。

保险业是个经验积累型行业，其薪资也远高于社会平均薪资，只不过有个一两年左右的收入形成期（行业术语叫“十三个月留存率”），没有达成目标或没有达到心理预期的人就会被淘汰。保险业的淘汰不在入口处，而在入职以后。它不是用传统行业的智力（学历）来淘汰人的，而是用“习惯”来淘汰人的。简单说，如果一个人学历低，拜访和服务客户的习惯很差，那么其在这个社会靠自己赚钱的机会本身就不多。

经验积累型行业，如同一个公交车司机倒车技术特别好，你不用羡慕他，他只是开车久了而已。

从《卖油翁》看保险业

一个将军在射箭，箭法十分高明，大家都在鼓掌，只有路边一个卖油的老汉觉得不稀奇。将军问他："你怎么敢轻视我射箭的本领？"卖油翁说："你把我的眼睛蒙住，我通过钱币的钱眼来倒油。"结果卖油翁没有沾湿钱币。从中可知，射箭和倒油都是熟能生巧的技艺，门槛较低。

看似很难的工作，其实一旦入门就不难了，关键是要有入门的机会。

保险业是一个普通人也能够施展才华、获得高收入的地方，不过在这里，他可能被淘汰，淘汰他的是社会平均工资，而不是某家保险公司，保险公司只是给了他一个尝试的机会。

其实，一个人只要向上走，就会有被淘汰的可能。所以重要的是支撑人向上走的阶梯，而保险业恰恰给了普通人获得高收入的机会和窗口。所以，成功的路上并不拥挤，“圣杯”往往是最不起眼的那个。“金领”在初期也可能以“灰领”的面貌出现，打开慧眼，别错过机会。

四、保险代理人工作的核心优势

保险代理人本质上是一种需要自律的自由职业。

如果有一份工作可以让你下午3点在学校门口接孩子放学，那么它本身就是一份让人羡慕的工作。

1. 保险代理人工作的优势与劣势

如今，找工作其实并不难，找到一份好工作有点儿难，人们很难找到一份十全十美的好工作。人们找工作是为了满足对生活的需求，需求不再局限于解决温饱问题。

（1）优势

时间自主。

收入的提高空间大。

晋升机制透明。

行业发展前景广阔。

（2）劣势

初学期收入不稳定，甚至收入难以保证。

工作压力较大。

我们稍加分析，就会发现保险代理人工作的优势、劣势都很明显，但横向比较的话，我们会发现其劣势几乎存在于所有高收入行业。换句话说，一个人要想变得更好，以上困难和问题就都绕不过去，向上的人生总有山要去攀。

2. 保险代理人工作的核心优势

保险代理人工作既能让人赚到钱，又能让人照顾家庭；门槛低；“晋升”干部终身制，资历越深，赚钱越轻松；是成本低、风险低的创业方式。

在不同时代，人的需求不同，大体可以分为如下几类，需要时间、需要钱、需要成就感等。

（1）需要时间——既能赚到钱，又能照顾家庭

随着经济的发展，家长对孩子的教育越来越重视，教育孩子需要时间，便催生了女性的“全职经纪人化”，而职场却强调“996”的工作模式。这其中存在一个明显的矛盾，工作和家庭似乎不能两全。

保险代理人这份工作既可以让人赚到钱也可以让人照顾家庭，一二线城市新加盟的保险代理人很多是女性，原因很简单，保险代理人工作占用时间少，优势非常明显。

（2）需要钱——金融业的“最平民门槛”

现在国内一二线城市的房价很高，如果一个人没有“第一桶金”，只依靠社会平均工资，努力一辈子或许也难以完成置业。因此，人们需要获得较高的收入，但并非每个行业的收入都很高。这就涉及行业间的收入对比，统计机构每年都会公布各行业收入情况，这就是我

们择业的重要参考。如同开车需要导航，择业也需要“导航”。中国高收入行业样本的收入中位数通常是低收入行业的三倍至四倍，劳动者付出同样的时间，收入却相差非常大。那么高收入行业有哪些？从数据来看，一是金融业，二是科技业。从进入门槛看，这两个行业的门槛均不低，但保险业是金融业向“草根”和“精英”同时打开的一扇窗。

（3）需要成就感——“晋升”干部终身制，资历越深，赚钱越轻松

“中年危机”近来逐步成为热词，特别是奋斗到“一官半职”的人，一旦老去，很有可能失去机会或只能退居二线。保险代理人工作由于其独特的管理方式——代理人制，不受退休年龄的限制，以及拥有可以积累前期劳动成果的育成机制。

第一批加盟且一直在做保险代理人的总监、经理等已到花甲之年，他们拥有丰厚的收入，且收入随着年龄的增长仍在不断增加。这和我们理解的职业经理人模式完全不同，因为保险组织的发展道路本质是创业，没有就业道路上的“劳动力资产折旧”问题。

（4）需要创业——成本低、风险低的创业

四十多岁的人为什么爱说自己创业了呢？因为这个年龄再就业很难。创业需要一个合适的环境，每个行业的成本不同。随着中国地产成本的高企，房租成为人们的巨大压力，而贷款、员工工资等也经常困扰着创业者，还有人身风险和法律风险等问题。而成为保险代理人，这些经营中的风险通常由保险公司或经纪公司代为承担了。

巴菲特有句名言：“第一条原则：永远不要亏钱。第二条原则：永远不要忘记第一条原则。”

保险业是未来很好的创业领域之一。

3. 从不同行业加盟保险业的动因分析其逻辑

从某二线城市新入职保险代理人数据来看，35.16%的加盟人员原来是做销售的，12.09%的加盟人员原来是家族主妇。

我们以平安寿险公司二线城市某营业区 2019 年 12 月转正保险代理人调研数据为例（见图 5-2）。

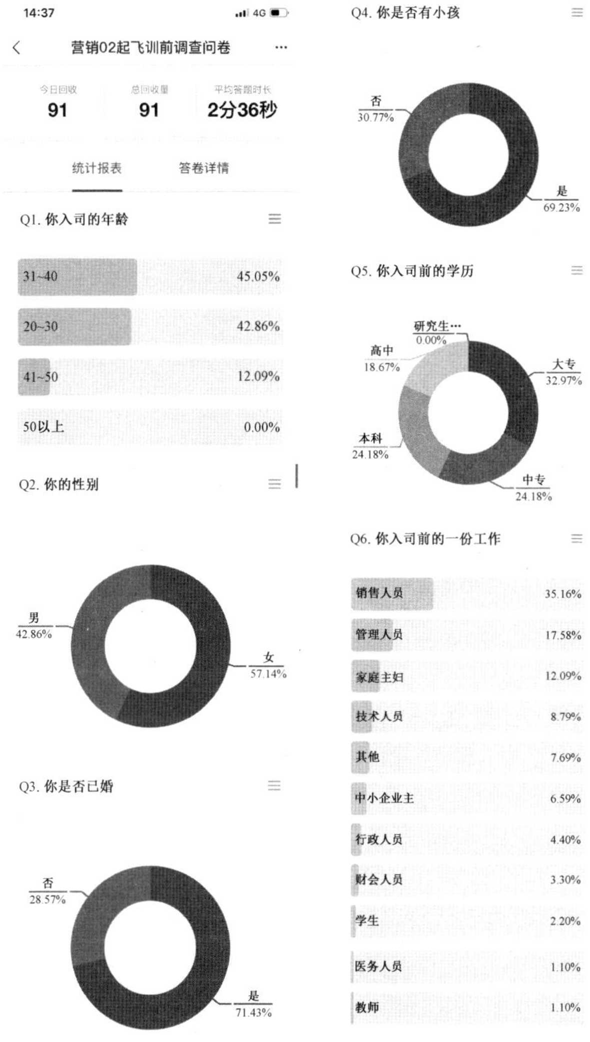

图 5-2　平安寿险公司二线城市某营业区转正保险代理人情况调查

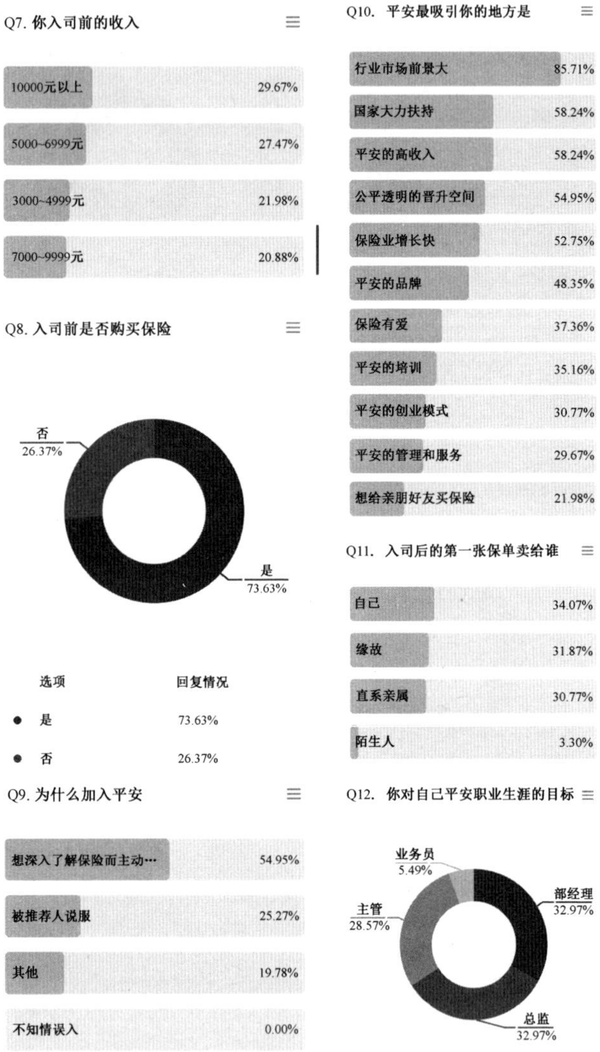

图 5-2 平安寿险公司二线城市某营业区转正保险代理人情况调查（续）

调研内容包括加盟前的年龄、性别、婚姻状况，加盟前的家庭构成、学历与既往职业，加盟前的收入、保险认知、加盟方式、加盟原因与职业生涯愿景……

我们的结论如下。

20～40 岁的约占 88%，女性约为 57%，有孩子的约 69%。

销售人员约占 35%，管理人员约占 18%，家庭主妇约占 12%，技术人员约占 9%。

在进入公司前，月收入超过万元的约占 30%。

在进入公司原因中，想了解保险业的约占 55%，被推荐人说服的约占 25%。

进入公司前买过保险的约占 74%。

前景好、政策支持、收入高、晋升快，是大多数人眼中保险业最吸引人的地方。

在数据调研的基础上，我们逐渐了解了不同职业的人来保险业的原因。

（1）家族主妇

需求：时间自主，能有自己的事业。

家族主妇的收入未必高，进入保险业大多是因为以白领的收入无法覆盖请保姆的支出。这个群体对时间有要求，带孩子往往在其心中排名第一。保险业的自由度与其需求刚好匹配。

一般加盟的理由有：

有一份可以兼顾家庭的事业。

收入不低，也不封顶。

可以学习如何管理好自己的资产。

另外，女性有自己的事业，便拥有话语权。

等孩子大了自己再出去找工作，也有了金融机构销售服务经验，履历比较丰富。

（2）上班族/文员

需求：提高收入，升职，获得有价值的经验。

对于大多数上班族来说，晋升的机会有限。而如果不是技术性工作，一般来说收入接近社会平均水平，且明显受到行业周期的影响。我国很多行业从兴起到衰落，只有不到 10 年，但人的价值随着年龄的增长在很多行业是贬值的，大多数公司招聘都要求 35 岁以下。因此，选对一个相对长周期的行业就变得很重要。隔行如隔山，谁也不愿意总是换工作。

一般加盟的理由有：

希望月收入突破 1 万元。

自己所处的行业晋升概率低。

选对一个好行业，其低位收入都比一般行业的高位收入高。

趁年轻，试试看，万一没有成功，再回到原岗位也可以。

别让自己的人生在一开始就“卖底价”。

（3）创业者/小企业主/个体户

需求：回避风险，减少成本，不想打工。

成本低、风险低，又可以赚钱。

如果你对保险业感兴趣，那么将兴趣和工作结合起来是很幸福的。但如果你的兴趣不在保险，那么也可以将兴趣与工作分开，怀着创造财富和实现价值的目标在行业中力拔头筹，早日实现财务自由。

（4）毕业生

需求：迈入社会，需要一份有价值的工作经验。

毕业生刚刚走向社会，一开始很重要，赢得起也输得起。关键是先学习一个较好行业的工作技能，从而获得这个行业的工作经验。

（5）服务员/营业员

需求：改变现状，突破自我。

人类社会已经进入“第四次工业革命”——人工智能时代，普通且简单的劳动正在被迅速替代。

来保险业试试看，防止自己被替代。

如果将来一定会被替代，不如早点换工作，毕竟年纪越大，竞争力越弱，选择面也越窄。

（6）工人

需求：收入突破，环境改变。

“十年打工风雨中，十年营销成富翁。”

如今赚钱的领域，往往在高新技术行业、销售行业。

我以前也不懂销售，现在学会了。试试看，现在通过 App 做销售其实很简单。

（7）外地“一代”移民

需求：收入明显高于社会平均水平。

在大城市买房，按现在的工资算，需要很多年。

将来能把父母接到身边吗？

在原单位发展10年，工资能涨多少？

（8）销售员

需求：高收入、高效率、好未来。

一个销售员除了技巧，重要的是卖的东西是否值钱，这关乎前途。

对一些家庭来说，投资占据了其收入的最大部分，而消费只占一小部分。

为什么人们在保险业可以干到老呢？我国的地产业、汽车业、保险业几乎同时起步，经历了辉煌，但第一代销售员在哪里呢？

保险业是客户消耗较小的行业，不像其他行业那样需要不停地找客户，保险代理人一般一辈子服务几十个客户，收入高，先苦后甜。

五、换个“门”走进保险业

对于一个正在组建团队的保险代理人来说，一旦逻辑对了，就把成功交给概率。

如何让一个外行真正认识保险业，并下决心尝试呢？

让我们从4个步骤来进行评估，其核心如同中医的诊疗方法：望、闻、问、切。

1. 望——了解现状

（1）了解对当前工作和生活的满意度

目前的收入状况。

对目前工作有什么不满意的地方。

对目前工作在收入、发展、氛围三方面有哪些不太满意的地方。

（2）具体了解的内容

有什么人生目标？（收入/职位/成就）

希望每月赚多少钱？

孩子多大了？爱人的工作怎么样？

这里主要是了解尚无从业意向者的现状，这是选择的基础和参照。大家不妨把这些信息记录下来，以了解自己的真正需求。

2. 闻——了解有什么人生目标

（1）目前擅长什么

以目前掌握的技能可以得到怎样的报酬？

这个技能容易被掌握吗？自己容易被替代吗？

在单位升职是否容易？一般多少岁可以升到中层？

原来的工作经验是否让自己很抢手？

（2）了解目标

有没有换房的打算？

有没有给孩子或父母买一套房子的计划？

孩子成绩不错，有没有送他出国留学的计划？

3. 问——通过何种路径实现人生目标

（1）择业观的导入

你觉得目前哪个行业的待遇和发展前景较好呢？

你觉得现在做生意容易吗？

（2）选择

你觉得好行业中哪些对普通人而言门槛较低？

有没有进入高收入行业的打算？打算通过什么途径进入该行业？

（3）目标与现实的差距

以目前的状况，你是否找到了一显身手的机会？

一直努力下去，短期内能否达到收入目标？

通过询问，了解现状和实现需求之间的差距。很多时候梦想和现实之间相差太多，如果没有人提醒，就会南辕北辙。

4. 切——介绍保险业

根据不同的原职业，以需求为导向，顺理成章地切入。

（1）择业观

先阐明每份工作都有优缺点，从而建立一个合理的求职创业心理预期。

（2）根据对职业的需求，说明职业的特点（保险代理人工作的优势）

既能赚钱，又能照顾家庭。

进入门槛较低。

晋升后干部终身制，资历越深，越轻松。

成本低、风险低。

（3）一起思考，进行互动

如果做了选择，会损失什么，会得到什么？

如果无法成功，会损失什么，会得到什么？

如果一旦成功，会得到什么，会失去什么？

（4）解答对工作的具体疑问

详细内容见下文。

（5）展望行业的未来

在未来数年内，中国保险业在服务“双循环”新发展格局、服务国家治理体系和治理能力现代化方面将大有可为，特别是在我国老龄化速度不断加快的情况下，社会基于健康和养老方面的需求将持续旺盛，我国保险市场的发展空间广阔，未来可期。

六、加盟前的普遍困惑

这个世界是公平的，难度大的工作通常回报高。所以好职业的特点大概是：万事开头难！

如果现在就决定成为保险代理人，那么你可能会有如下困惑。

1. 是否需要卖保险

（1）银行柜员也要卖保险。

（2）保险是一种金融产品，很多家庭都需要。

（3）保险是家庭财务规划里必不可少的项目。如果把金融工具比作药物，那么保险只是其中一种广谱药品而已。

2. 客户从哪里来

（1）万事开头难！进入保险业的第一年是“圈”客户的过程，未必能成交，但一定要取得客户基本的信任。我们可以通过赠送意外保障卡等（每家公司都有比较成熟的获客方式）完成100个以上准客户的积累，这样就可以在一定程度上避免“朋友买完保险，自己就被淘汰”。

（2）人们其实都有理财和保障需求，如果我们不去主动了解，那么他们也会自己去投资、投保。

（3）我们的客户分为“缘故”（熟悉的人）和“陌生人”，当然“陌生人”也在不断转化成“缘故”。一开始成交的多是“近缘故”，“缘故”会进行转介绍（基于认同，也基于其对利益共同体都需要保障的认知）。慢慢地，“远缘故”和“陌生人”会逐步成交，完成信任的积累。

（4）在经营客户圈后，老客户会不断地加保，基于其收入、资产、家族成员、身价的增加，也源于医疗成本的不断增加，还有对保险功用认知的不断深入。

3. 是否要从朋友做起

（1）人生无非“靠”自己或“靠”朋友。一般来说我们上个好大学，然后利用自己的知识做研究工作，就是“靠”自己。不过，很多人走上社会后要想成功还是要“靠”朋友。

（2）我进入保险业 20 年了，很多朋友都买了保险，他们不仅不抱怨，反而认为自己买得不够多，保障不够全。原因是他们真正理解了保险对家庭的作用，出险的人获得了理赔保障，平安无事的人通过强制储蓄留下了一笔钱。

4. 收入有保证吗

（1）一般来说，发放底薪都是以 8 小时工作制度和分派标准工作量为基础的。比如，房产经纪人，一定有每天的工作时间和带人看房量的要求。但保险代理人没有这样的工作要求，在制度上并没有所谓的底薪。

（2）随着竞争的加剧，各保险公司给予新人财务补贴或训练津贴等，实际上构成了新人的有责“保底收入”。

（3）现在，很多机构和团队对没有完成保险招揽业务的新人也给予“保底收入”，但大多是建立在每天完成拜访工作量和一定的工作时长基础上的。

（4）风物长宜放眼量。要想了解一个行业的收入，千万不要看刚入职的收入，而要看沉淀了三五年甚至更长时间的收入究竟高不高，有没有优势。

5. 万一没有成功，怕丢了现在的工作

（1）其实，今天在中国想找到一份工作很容易，只是想找到一份满足自己需求的好工作不容易。

（2）如果你的工作还不错，自己又不甘心，那么我建议你来试试，成功了则改变人生轨迹，不成功也不会有太多损失，大不了再回原来的行业工作。

6. 觉得自己不适合做销售，害怕接触人

（1）赚钱的工作要么是和科技打交道，要么就是和人打交道，大家可以慢慢学。很多人有心理障碍或语言障碍，但其中在保险业取得成功的不在少数。

（2）要么掌握一门很赚钱的工作技能，要么尝试去做销售。销售是给能力一般但足够勤奋的人的机会。

（3）每个行业的从业者都有“职业病”，一旦“得上”这种“病”，就成功了大半。比如，警察需要记住曾经见过的人和车牌号，学生需要养成每天写作业并整理错题集的习惯。而保险人，大概需要养成每天与一个准客户聊天的习惯。

7. 考核标准会不会很高

（1）相比其他金融行业，如银行的考核，保险业的考核是比较轻松的。一般每个月只有几百元佣金的要求，甚至没有佣金要求。

（2）不用担心考核过不了，应该担心自己是否适应这个行业的节奏和赚钱的方式，通过努力取得成果。

8. 怕保险工作给自己造成巨大压力

（1）有压力代表我们正在通往人生的上坡路，迎接新的高峰。

（2）其实压力不是某个公司给我们的，而是生活给我们的。人生的 4 件大事：住房、教育、医疗、养老，你准备好如何应对了吗？

9. 自己没有目标

（1）工作或不工作是态度问题，工作好不好是能力问题。

（2）这是证明自己的机会。在保险业工作过的人，大多不会害怕做不好其他工作。

（3）家庭主妇可以每天参与早会。女人有知识、有事业，就可以保持话语权，工作的女人很有魅力。

10. 再想想，再考虑一下

（1）保险业是朝阳产业，很多人其实都不了解。家人更多希望我们不要吃苦，但关键时刻还是要自己做出选择。

（2）少壮不努力，老大徒伤悲。

（3）选择工作或创业是自己的事。每份工作都有不尽如人意的地方，成年人成熟的标志大概是报喜不报忧。

七、万事开头难：好工作应该是先苦后甜

接下来的内容，写给致力于在保险业创建团队的英雄。这个行业最大的魅力是可以保存每一次的劳动成果，并不断完成积累。这与职业经理人每年 KPI 清零的状况大相径庭，最终的结局也不同。

上天对每个人都是公平的，有的人很聪明，有的人习惯好。如果两者都不具备，那么他在哪个行业工作都是比较困难的。这个时候要做的不是审视工作，而是设法改变自己。

1. 真心去了解你的朋友圈

在2020年的新年演讲中，罗振宇说：“加盟保险业的人，要么走投无路，要么身怀绝技。”

你身边的朋友目前有哪些困难，他们的生活如何？他们对如今的保险业是否了解？你有没有机会真正了解他们？依照我的从业经验，加盟的顺序大致是：首先是朋友圈里那些时间成本相对低的人，其次是那些急于改变现状的人，最后才是处在“舒适区”的人。如何鉴别他人是否处在真正的“舒适区”并找到“不舒适”的地方，就需要通过学习和实践挖掘人生需求。

2. 随机收集各种信息

无论展业还是增员，学会随机收集和整理信息，都会让你受益终身。比如，今天你在网上买了一个东西，你可以收集那个卖家的信息。今天你在理发店理发，你可以收集理发员的信息。如果你逐步有了“强迫症”，那么你就可能会在一年中整理出有 300 多个名字的名单。而在这个名单中，很有可能会有人失业、患病、车险到期。很多时候，我们没有成功，原因是没有这种每天收集陌生人信息的“强迫症”，其实熟人都是从陌生人转化而来的。

3. 在正确认识自己工作的基础上，进行转介绍

我认为，增员与搭建团队是保险业中有价值的事情。如果有机会，能用正确的方式讲清楚保险代理人工作的优缺点，那么就可以获得别人的认可，并逐步让其他人加盟保险业。而一个既说服了他人又明白行业状况的人，会具备良好的留存心态和积极的学习态度。这些都会让他加快学习，从而成为一名合格的保险代理人，分享中国保险业“白金时代”所带来的福利。

4. 找对行业后，成功的秘诀或许就是习惯好

在老师给孩子的学期评语中，几乎都有“养成良好的学习习惯”的字样。可见，习惯在人生各阶段中，往往起到决定性作用。

习惯=强迫症

在寿险公司的每个营业单位都会有一些“老人”，或许他们的形象不佳、学历不高，却有着高于当地社会平均收入很多倍的佣金收入。其实，他们很可能有职业病——“强迫症”。有了职业“强迫症”，一个人往往能做好自己的工作。

5. 导致失败的逻辑

（1）归因是思维正确的开始。凡事不成，反求诸己。

小时候，归因通常是正确的，但长大以后就不同了。

归因在内：考试没有取得好成绩，一定是自己不够努力。

归因在外：自己没有赚到钱，一定是因为老板能力不够。

（2）一开始做得好或做不好都没关系，但千万不能误判。

新人小王成为代理人后没有业务，他的舅舅答应他，等他月底回家时，自己和舅妈会各买一张保单。主管看到小王不开单，也不拜访客户，询问他是否需要帮助。小王说不用管他，他舅舅月底会给自己开单。月底到了，小王去舅舅家签单，可是舅舅和舅妈为了是否要买保险正在吵架。于是小王灰溜溜地走了出来，失去了唯一的希望，由喜转怨。

新人小张不太一样，他月初就开单了，之后每天都不去拜访客户。于是主管问他为什么不拜访客户，他认为自己月初就开单了，没有继续拜访的必要。于是小张休息了一个月，结果第二个月他也没有开单。

殊途同归于何因？前者如同平时不做作业，在考试时抱怨题目太难。后者如同考了一百分，就不做作业了。

在每个新人心中，都有一个“舅舅”，就是指那个能给自己一张“救急单”的亲朋好友。如果每天只是在等待，那么到月底可能是一场空。

在月初开单后怎么办？继续拜访。

月末可能有单子，现在没有怎么办？继续拜访。

保险业的定律为：不以签单为终点，而是每天持续地拜访。如果觉得没有地方去拜访了，不妨问问你的师傅，他一定有答案。

（3）吃得苦中苦，一定为人上人吗？

吃苦大概有两类：一类是身体的苦，另一类是心里的苦。什么是心里的苦呢？比如，一个学生有一道物理题不会做，去问老师，老师脾气不好，表示自己刚刚讲过，不想重复，这个学生还是厚着脸皮继续问。而另一个学生听见后，不敢去问，假装会做，在题后悄悄标注了两个字“不考”，等到考试时，“不考”的题很可能出现。所以第一个学生更易成功，因为他吃得了心里的苦，在工作中，道理也是一样的。

以下是另一个例子。

一个年轻人去做贷款推销员，推荐他人贷 100 万元的贷款，自己可以获得 3 万元的收入。于是他出去拜访客户，第一个客户王老板拒绝了他，第二个客户张老板拒绝了他，第三个客户李老板不仅拒绝了他，还把他批评了一顿。结果，这个年轻人就决定放弃了。就算第四个客户蔡老板刚好要借 100 万元，他也见不到蔡老板了。他没能吃得了心里的苦。

成功通常是要吃得了心里的苦，而非身体的苦。

八、为什么选择保险业

命运对勇士低语：你无法抵御风暴；勇士说，我就是风暴。

在我的职业生涯中，我花了约 12 年时间担任营业区负责人或机构负责人，接触了很多保险代理人，了解了他们的创业故事。在这里给大家分享一些案例，或许大家可以看到自己的影子或未来的样子。

不耻败仗，来日方长。

创业上的失败和痛苦，创业者不敢跟家里人讲，怕家里人担心；不敢跟员工讲，怕员工离开；不敢跟投资人讲，怕投资人不投资；不敢跟银行讲，怕银行不放贷。所有的痛苦只能自己承担。但是衡量成败是需要一个周期的。

——冯仑

1. 小 S：从基层工作到年薪 200 万元

小 S，三线城市“70 后”，在进入保险业前，是一个著名饭店的大堂经理，她当时的梦想是月收入能达到 800 元。她在 20 世纪初加盟了保险公司，一开始做“孤儿单”（离职代理人的保单）服务，同步做“缘故”（身边的朋友圈）。在市区人口不足 30 万人的三线城市，她通过不断加深对保险的理解和孜孜不倦的拜访，很快成为月收入过万元的精英。我当时是小 S 的区经理，我发现她最大的特点是拥有好的拜访习惯，无论早晚，都会想方设法去见客户，经常会等到客户下夜班。目前，小 S 已经拥有了 200 多人的团队，年收入达 200 万元。

待遇很重要，但人生中精彩的舞台却更具吸引力。

2. 小 M：从建材销售冠军到保险公司营业部经理

“80 后”小 M，“985”高校土木工程系毕业，她是 2017 年加入保险代理人队伍的。她之前是一家知名建材公司的销售冠军、地区经理。但是零售行业有一个通病，就是几乎全年无休。年轻时还好，但时间长了，身体吃不消。于是小 M 通过闺密介绍，加盟保险业。通过学习新寿险功用理论的课程，她对保险业有了与众不同的见解，豁然开朗。她初期的业绩比较一般，甚至在第四个月产生了离职的想法。其实保险业就是这样，如果你降低预期，必有“云开见日出”的时候。终于随着泥泞期的结束和展业工具的正确使用，她逐步成为耀眼的新星，不仅业务越来越稳定，而且带出了一个崭新的团队。一批本科及以上学历的创业者陆续加盟，其中很多是名牌大学保险系出身的。小 M 成为全分公司最快晋升营业部经理的“巨星”，即将到全国各地分享她的新寿险功用理论认知和从业体会。小 M 经常爱说一句话：“我觉得保险业对比原来的行业，性价比很高，一旦掌握了技能，一个月就算只见几个客户，也可以获得几万元的收入。”

寸金难买寸光阴

究竟是“金”贵，还是“光阴”贵呢？随着经济的不断发展，保险代理人这种时间自主的工作，越来越受到年轻人的青睐。我们赚钱是为了承担人生中必须履行的责任，也要用更多时间去实现自己的梦想，同时还要照顾孩子、陪伴老人，或许这才是幸福的生活。

3. 小 Q：名牌大学背景的白领主动成为保险代理人，年收入达 500 万元

小 Q 是个“80 后”，“985”高校毕业，之后到了一家著名的 IT 企业工作，成为受人羡慕的程序员。后来，他到了保险公司，成为一名内勤人员。“旱涝保收”，究竟可以保多少“收”呢？为满足晋升、收入、时间需求，小 Q 带着很多和普通白领一样的困惑，准备跳槽去另一家保险公司做高级别内勤人员。保险业处于高速发展期，人才供小于求，可以获得升职加薪的机会。

这时，一名出色的保险代理人找到小 Q，让小 Q 先尝试做保险代理人，如果不合适，再去做内勤也不迟。于是小 Q 加入了保险代理人队伍，第一年他没有在晚上 12 点前收过工。功夫不负有心人，小 Q 的业务越来越好，一大批年轻有为的人员加入了他的团队。2018 年，他的年收入达 500 万元。

人是活在希望中的，有些人月入 5000 元，咬牙偿还每月 4000 元的房贷，为什么呢？因为拥有希望。这个世界上，每个职业的养成期有所不同，医生、律师、工程师的养成期较长。如果我们能等待得起，并相信自己的力量，就可以放心做出选择。保险业有一个魅力，就是即便失败也不会造成太多损失，因为还有很多“下家”等待着你，会为你的失败埋单，其可能为你提供比之前收入更高的岗位。人才的价值是由这个行业的供需关系决定的，这就是朝阳行业真正的风口。

万事开头难是好行业、好工作的“通病”

保险工作的起步较为困难，除非本身就有很强的人脉。那些开头不难的工作或许不值得去做，其本身并没有太多价值，或者随着时间的流逝，容易被代替。外界认为做保险难，其实是因为新人对保险产生自信需要一个形成期，要在实践中不断积累客户，还有个等待期。理解了这两个“期”，就可以大大降低不合理预期。“熬过学徒期，扛过泥泞路，漫步石板路，享受青云路。”当然，好的“体能教练”、正确的保险理论指导和心理辅导也非常关键，这体现了不同公司之间完全不同的水平。

在长期实践中，新寿险的功用逐步展现出强大的力量。

后　记

1. 不喜欢文史的军迷不是一个好的保险业高管

我是一个工科背景出身的文史“发烧友”，偶然之中来到了保险业，这是一片可以让普通人改变自己命运的热土。我每年穿行于中国的城市与乡村，开展上百场演讲，让更多的人了解到了保险业和其产品可以给人们带来何种改变。

我的父母在我身上花钱从不犹豫。早前，美国孩之宝公司出品的变形金刚的售价大概相当于一个中国家庭半个月的工资，但我母亲从不犹豫，总会买给我。另外，当时很少有人能理解保险的重要作用，然而，我母亲替我买了很多保险。在我结婚时，我母亲将保单整理进了一个盒子，她亲自撰写了一个保单目录，说明这几十张保单的来历、缴清状况、领取金额、投保人与被保人、保险责任等。随着时间的沉淀，那些昂贵的变形金刚早已不知去向，但这些泛黄的保险合同还在那里。这些保单的利率在 20 世纪 90 年代算得上高利率，而且也会一直按高利率进行支付。我非常好奇地问过母亲，当时为什么给我买这么多保险？

我小时候是个书呆子，在钢厂大院里，大家认为爱看书的人都是“呆子”。母亲担心我将来真的变成“呆子”，于是她用了一种金融工具，即保险，来确保我无论遇到怎样的困难，都能化险为夷，永远幸福。今天，我也对我的女儿说：“你长大后很可能是个普通人，普通人的幸福需要规划。”一个人如果有良好的财务管理习惯，就可以保住财富，获得幸福，我想这就是保险的意义。2017 年我到北海道考察，在富良野小站，我突然想到，我们为什么不能换个角度看待保险的意义呢？我想这就是本书存在的价值。在一个用保险工具就能实现财务自由的时代，达到财务自由并不需要拥有很多钱，只需要把钱放对地方。

2. 从“失恋保险”看保险业的未来

美国北卡罗来纳州的一家名为“安全卫士担保”的保险公司曾推出了一份离婚保险产品——Wedlock。

该产品专门为离婚者提供现金补助，赔偿内容包括为其提供新住所，依法帮助其办理离婚诉讼手续。客户缴纳 15.99 美元的保费，可获得保额为 1250 美元的赔偿，不过前提是，客户购买该保险已满 4 年。

2011 年的日剧《失恋保险》就讲述了很多为爱情投保的故事。

保险是福祉。随着社会的发展，险种也在不断创新，如长期护理保险、律师诉讼责任险、医患纠纷类保险等，我们能够将越来越多的风险交给保险公司。在风险越来越少之后，剩下的就是幸福。

未来，在保险的基础上，人们会更加幸福。

3. 保险代理人与互联网时代

在过去的 6 年中，在互联网的作用下，保费已突破了万亿元，这与中国 4.5 万亿元商业保费（2020 年中国银保监会数据）相比占比较小，但人们也注意到了互联网对保险业的重塑作用。

互联网对保险业的重塑并非替代作用，而是提高了保险代理人的服务效率。从 2019 年的数据可知，费用报销型医疗保险依然是互联网健康险市场的主力险种。这类产品的特点是，没有太多决策成本，而长期寿险在互联网下的销售情况还没有达到预期。

究其主要原因，笔者分析如下：

一是保险需求的潜在性。

风险就像看不见的商品，需要进行专业挖掘。比如，买眼镜是件简单的事，验光是件专业的事。

二是条款的专业性带来服务的专业性。

保险是一个终身服务型产品，而服务依靠人工，人工服务的价格在不断上涨。保险代理人提供的正是这种持续的温情化服务。

三是保险合同具有较高的决策成本，不同于一般产品，也没能完全互联网化，可能和决策成本及后期不能被代替的维保服务有直接关系。

图 A-1　我父亲从越南战场回国，在南京北郊的筒子楼里安家

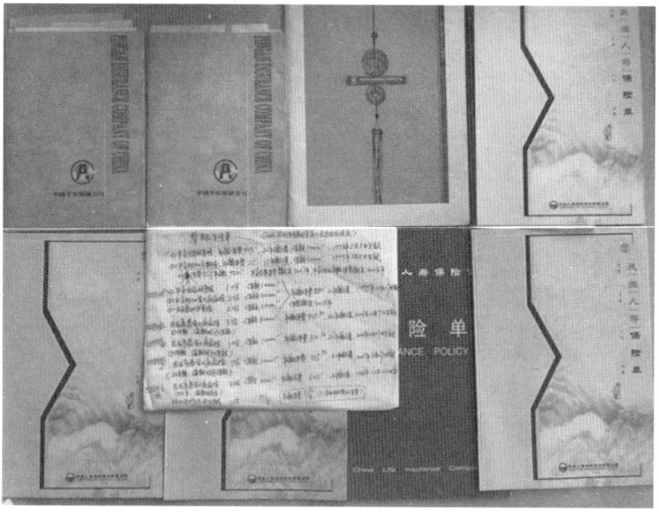

图 A-2　我母亲在 20 世纪给我“种”下的幸福和她整理的结婚保单目录

图 A-3　我姐蔡蓉宁是江苏最早的保险代理人之一，带我进入了保险业

图 A-4　脱去工装，初出茅庐来到保险业的我

（a）

（b）

图 A-5　我为银行员工讲解银行保险知识

（a）

（b）

图 A-6　我每年行走中国，开展数百场演讲，普及财商知识

图书在版编目（CIP）数据

寿险新时代：通往财务自由的五堂保险课 / 蔡翔著. —北京：电子工业出版社，2021.9

ISBN 978-7-121-41775-7

Ⅰ. ①寿… Ⅱ. ①蔡… Ⅲ. ①人寿保险－营销－经验－中国
Ⅳ. ①F842.622

中国版本图书馆 CIP 数据核字（2021）第 162811 号

责任编辑：黄　菲　　文字编辑：刘　甜　　特约编辑：白俊红
印　　刷：北京盛通印刷股份有限公司
装　　订：北京盛通印刷股份有限公司
出版发行：电子工业出版社
　　　　　北京市海淀区万寿路 173 信箱　　邮编：100036
开　　本：880×1 230　1/32　印张：6.625　字数：160 千字
版　　次：2021 年 9 月第 1 版
印　　次：2021 年 9 月第 1 次印刷
定　　价：74.00 元

凡所购买电子工业出版社图书有缺损问题，请向购买书店调换。若书店售缺，请与本社发行部联系，联系及邮购电话：(010)88254888，88258888。

质量投诉请发邮件至 zlts@phei.com.cn，盗版侵权举报请发邮件至 dbqq@phei.com.cn。

本书咨询联系方式：1024004410（QQ）。